CHECO
VOCABULARIO

PALABRAS MÁS USADAS

ESPAÑOL-CHECO

Las palabras más útiles
Para expandir su vocabulario y refinar
sus habilidades lingüísticas

5000 palabras

Vocabulario Español-Checo - 5000 palabras más usadas
por Andrey Taranov

Los vocabularios de T&P Books buscan ayudar en el aprendizaje, la memorización y la revisión de palabras de idiomas extranjeros. El diccionario se divide por temas, cubriendo toda la esfera de las actividades cotidianas, de negocios, ciencias, cultura, etc.

El proceso de aprendizaje de palabras utilizando los diccionarios temáticos de T&P Books le proporcionará a usted las siguientes ventajas:

- La información del idioma secundario está organizada claramente y predetermina el éxito para las etapas subsiguientes en la memorización de palabras.
- Las palabras derivadas de la misma raíz se agrupan, lo cual permite la memorización de grupos de palabras en vez de palabras aisladas.
- Las unidades pequeñas de palabras facilitan el proceso de reconocimiento de enlaces de asociación que se necesitan para la cohesión del vocabulario.
- De este modo, se puede estimar el número de palabras aprendidas y así también el nivel de conocimiento del idioma.

Copyright © 2024 T&P Books Publishing

Todos los derechos reservados. Ninguna porción de este libro puede reproducirse o utilizarse de ninguna manera o por ningún medio; sea electrónico o mecánico, lo cual incluye la fotocopia, grabación o información almacenada y sistemas de recuperación, sin el permiso escrito de la editorial.

T&P Books Publishing
www.tpbooks.com

ISBN: 978-1-78314-047-3

Este libro está disponible en formato electrónico o de E-Book también.
Visite www.tpbooks.com o las librerías electrónicas más destacadas en la Red.

VOCABULARIO CHECO
palabras más usadas

Los vocabularios de T&P Books buscan ayudar al aprendiz a aprender, memorizar y repasar palabras de idiomas extranjeros. Los vocabularios contienen más de 5000 palabras comúnmente usadas y organizadas de manera temática.

- El vocabulario contiene las palabras corrientes más usadas.
- Se recomienda como ayuda adicional a cualquier curso de idiomas.
- Capta las necesidades de aprendices de nivel principiante y avanzado.
- Es conveniente para uso cotidiano, prácticas de revisión y actividades de auto-evaluación.
- Facilita la evaluación del vocabulario.

Aspectos claves del vocabulario

- Las palabras se organizan según el significado, no según el orden alfabético.
- Las palabras se presentan en tres columnas para facilitar los procesos de repaso y auto-evaluación.
- Los grupos de palabras se dividen en pequeñas secciones para facilitar el proceso de aprendizaje.
- El vocabulario ofrece una transcripción sencilla y conveniente de cada palabra extranjera.

El vocabulario contiene 155 temas que incluyen lo siguiente:

Conceptos básicos, números, colores, meses, estaciones, unidades de medidas, ropa y accesorios, comida y nutrición, restaurantes, familia nuclear, familia extendida, características de personalidad, sentimientos, emociones, enfermedades, la ciudad y el pueblo, exploración del paisaje, compras, finanzas, la casa, el hogar, la oficina, el trabajo en oficina, importación y exportación, promociones, búsqueda de trabajo, deportes, educación, computación, la red, herramientas, la naturaleza, los países, las nacionalidades y más ...

TABLA DE CONTENIDO

GUÍA DE PRONUNCIACIÓN	9
ABREVIATURAS	10

CONCEPTOS BÁSICOS	12
Conceptos básicos. Unidad 1	12

1. Los pronombres — 12
2. Saludos. Salutaciones. Despedidas — 12
3. Como dirigirse a otras personas — 13
4. Números cardinales. Unidad 1 — 13
5. Números cardinales. Unidad 2 — 14
6. Números ordinales — 15
7. Números. Fracciones — 15
8. Números. Operaciones básicas — 15
9. Números. Miscelánea — 15
10. Los verbos más importantes. Unidad 1 — 16
11. Los verbos más importantes. Unidad 2 — 17
12. Los verbos más importantes. Unidad 3 — 18
13. Los verbos más importantes. Unidad 4 — 19
14. Los colores — 19
15. Las preguntas — 20
16. Las preposiciones — 21
17. Las palabras útiles. Los adverbios. Unidad 1 — 21
18. Las palabras útiles. Los adverbios. Unidad 2 — 23

Conceptos básicos. Unidad 2 — 25

19. Los días de la semana — 25
20. Las horas. El día y la noche — 25
21. Los meses. Las estaciones — 26
22. Las unidades de medida — 28
23. Contenedores — 29

EL SER HUMANO — 30
El ser humano. El cuerpo — 30

24. La cabeza — 30
25. El cuerpo — 31

La ropa y los accesorios — 32

26. La ropa exterior. Los abrigos — 32
27. Ropa de hombre y mujer — 32

4

28.	La ropa. La ropa interior	33
29.	Gorras	33
30.	El calzado	33
31.	Accesorios personales	34
32.	La ropa. Miscelánea	34
33.	Productos personales. Cosméticos	35
34.	Los relojes	36

La comida y la nutrición   37

35.	La comida	37
36.	Las bebidas	38
37.	Las verduras	39
38.	Las frutas. Las nueces	40
39.	El pan. Los dulces	41
40.	Los platos	41
41.	Las especias	42
42.	Las comidas	43
43.	Los cubiertos	43
44.	El restaurante	44

La familia nuclear, los parientes y los amigos   45

45.	La información personal. Los formularios	45
46.	Los familiares. Los parientes	45

La medicina   47

47.	Las enfermedades	47
48.	Los síntomas. Los tratamientos. Unidad 1	48
49.	Los síntomas. Los tratamientos. Unidad 2	49
50.	Los síntomas. Los tratamientos. Unidad 3	50
51.	Los médicos	51
52.	La medicina. Las drogas. Los accesorios	51

EL AMBIENTE HUMANO   52
La ciudad   52

53.	La ciudad. La vida en la ciudad	52
54.	Las instituciones urbanas	53
55.	Los avisos	54
56.	El transporte urbano	55
57.	El turismo. La excursión	56
58.	Las compras	57
59.	El dinero	58
60.	La oficina de correos	59

La vivienda. La casa. El hogar   60

61.	La casa. La electricidad	60

62. La villa. La mansión	60
63. El apartamento	60
64. Los muebles. El interior	61
65. Los accesorios de cama	62
66. La cocina	62
67. El baño	63
68. Los aparatos domésticos	64

LAS ACTIVIDADES DE LA GENTE	**65**
El trabajo. Los negocios. Unidad 1	**65**
69. La oficina. El trabajo de oficina	65
70. Los procesos de negocio. Unidad 1	66
71. Los procesos de negocio. Unidad 2	67
72. La producción. Los trabajos	68
73. El contrato. El acuerdo	69
74. Importación y exportación	70
75. Las finanzas	70
76. La mercadotecnia	71
77. La publicidad	71
78. La banca	72
79. El teléfono. Las conversaciones telefónicas	73
80. El teléfono celular	73
81. Los artículos de escritorio. La papelería	74
82. Tipos de negocios	74

El trabajo. Los negocios. Unidad 2	**77**
83. La exhibición. La feria comercial	77
84. La ciencia. La investigación. Los científicos	78

Las profesiones y los oficios	**79**
85. La búsqueda de trabajo. El despido	79
86. Los negociantes	79
87. Los trabajos de servicio	80
88. La profesión militar y los rangos	81
89. Los oficiales. Los sacerdotes	82
90. Las profesiones agrícolas	82
91. Las profesiones artísticas	83
92. Profesiones diversas	83
93. Los trabajos. El estatus social	85

La educación	**86**
94. La escuela	86
95. Los institutos. La Universidad	87
96. Las ciencias. Las disciplinas	88
97. Los sistemas de escritura. La ortografía	88
98. Los idiomas extranjeros	89

El descanso. El entretenimiento. El viaje	91
99. Las vacaciones. El viaje	91
100. El hotel	91

EL EQUIPO TÉCNICO. EL TRANSPORTE	93
El equipo técnico	93
101. El computador	93
102. El internet. El correo electrónico	94
103. La electricidad	95
104. Las herramientas	95

El transporte	98
105. El avión	98
106. El tren	99
107. El barco	100
108. El aeropuerto	101

Acontecimentos de la vida	103
109. Los días festivos. Los eventos	103
110. Los funerales. El entierro	104
111. La guerra. Los soldados	104
112. La guerra. El ámbito militar. Unidad 1	105
113. La guerra. El ámbito militar. Unidad 2	107
114. Las armas	108
115. Los pueblos antiguos	109
116. La Edad Media	110
117. El líder. El jefe. Las autoridades	112
118. Violar la ley. Los criminales. Unidad 1	112
119. Violar la ley. Los criminales. Unidad 2	114
120. La policía. La ley. Unidad 1	115
121. La policía. La ley. Unidad 2	116

LA NATURALEZA	118
La tierra. Unidad 1	118
122. El espacio	118
123. La tierra	119
124. Los puntos cardinales	120
125. El mar. El océano	120
126. Los nombres de los mares y los océanos	121
127. Las montañas	122
128. Los nombres de las montañas	123
129. Los ríos	123
130. Los nombres de los ríos	124
131. El bosque	124
132. Los recursos naturales	125

La tierra. Unidad 2	127
133. El tiempo	127
134. Los eventos climáticos severos. Los desastres naturales	128
La fauna	129
135. Los mamíferos. Los predadores	129
136. Los animales salvajes	129
137. Los animales domésticos	130
138. Los pájaros	131
139. Los peces. Los animales marinos	133
140. Los anfibios. Los reptiles	133
141. Los insectos	134
La flora	135
142. Los árboles	135
143. Los arbustos	135
144. Las frutas. Las bayas	136
145. Las flores. Las plantas	136
146. Los cereales, los granos	138
LOS PAÍSES. LAS NACIONALIDADES	139
147. Europa occidental	139
148. Europa central y oriental	139
149. Los países de la antes Unión Soviética	140
150. Asia	140
151. América del Norte	141
152. Centroamérica y Sudamérica	141
153. África	142
154. Australia. Oceanía	142
155. Las ciudades	142

GUÍA DE PRONUNCIACIÓN

T&P alfabeto fonético	Ejemplo checo		Ejemplo español
[a]	lavina	[lavɪna]	radio
[aː]	banán	[banaːn]	contraataque
[e]	beseda	[bɛsɛda]	verano
[ɛː]	chléb	[xlɛːp]	cuarenta
[ɪ]	Bible	[bɪblɛ]	abismo
[iː]	chudý	[xudiː]	destino
[o]	epocha	[ɛpoxa]	bordado
[oː]	diagnóza	[dɪagnoːza]	domicilio
[u]	dokument	[dokumɛnt]	mundo
[uː]	chůva	[xuːva]	jugador
[b]	babička	[babɪtʃka]	en barco
[ts]	celnice	[tsɛlnɪtsɛ]	tsunami
[tʃ]	vlčák	[vltʃaːk]	mapache
[x]	archeologie	[arxɛologɪe]	reloj
[d]	delfín	[dɛlfiːn]	desierto
[dʲ]	Holanďan	[holandʲan]	diente
[f]	atmosféra	[atmosfɛːra]	golf
[g]	galaxie	[galaksɪe]	jugada
[h]	knihovna	[knɪhovna]	coger
[j]	jídlo	[jiːdlo]	asiento
[k]	zaplakat	[zaplakat]	charco
[l]	chlapec	[xlapɛts]	lira
[m]	modelář	[modɛlaːrʃ]	nombre
[n]	imunita	[ɪmunɪta]	número
[nʲ]	báseň	[baːsɛnʲ]	leña
[ŋk]	vstupenka	[vstupɛŋka]	banco
[p]	poločas	[polotʃas]	precio
[r]	senátor	[sɛnaːtor]	era, alfombra
[rʒ], [rʃ]	bouřka	[bourʃka]	flash, inglés please
[s]	svoboda	[svoboda]	salva
[ʃ]	šiška	[ʃɪʃka]	shopping
[t]	turista	[turɪsta]	torre
[tʲ]	poušť	[pouʃtʲ]	bestia
[v]	veverka	[vɛvɛrka]	travieso
[z]	zapomínat	[zapomiːnat]	desde
[ʒ]	ložisko	[loʒɪsko]	adyacente

9

ABREVIATURAS
usadas en el vocabulario

Abreviatura en español

adj	-	adjetivo
adv	-	adverbio
anim.	-	animado
conj	-	conjunción
etc.	-	etcétera
f	-	sustantivo femenino
f pl	-	femenino plural
fam.	-	uso familiar
fem.	-	femenino
form.	-	uso formal
inanim.	-	inanimado
innum.	-	innumerable
m	-	sustantivo masculino
m pl	-	masculino plural
m, f	-	masculino, femenino
masc.	-	masculino
mat	-	matemáticas
mil.	-	militar
num.	-	numerable
p.ej.	-	por ejemplo
pl	-	plural
pron	-	pronombre
sg	-	singular
v aux	-	verbo auxiliar
vi	-	verbo intransitivo
vi, vt	-	verbo intransitivo, verbo transitivo
vr	-	verbo reflexivo
vt	-	verbo transitivo

Abreviatura en checo

ž	-	sustantivo femenino
ž mn	-	femenino plural
m	-	sustantivo masculino
m mn	-	masculino plural
m, ž	-	masculino, femenino

mn	-	plural
s	-	neutro
s mn	-	género neutro plural

CONCEPTOS BÁSICOS

Conceptos básicos. Unidad 1

1. Los pronombres

yo	já	[ja:]
tú	ty	[tɪ]
él	on	[on]
ella	ona	[ona]
nosotros, -as	my	[mɪ]
vosotros, -as	vy	[vɪ]
ellos, ellas (inanim.)	ony	[onɪ]
ellos, ellas (anim.)	oni	[onɪ]

2. Saludos. Salutaciones. Despedidas

¡Hola! (fam.)	Dobrý den!	[dobri: dɛn]
¡Hola! (form.)	Dobrý den!	[dobri: dɛn]
¡Buenos días!	Dobré jitro!	[dobrɛ: jɪtro]
¡Buenas tardes!	Dobrý den!	[dobri: dɛn]
¡Buenas noches!	Dobrý večer!	[dobri: vɛtʃɛr]
decir hola	zdravit	[zdravɪt]
¡Hola! (a un amigo)	Ahoj!	[ahoj]
saludo (m)	pozdrav (m)	[pozdraf]
saludar (vt)	zdravit	[zdravɪt]
¿Cómo estás?	Jak se máte?	[jak sɛ ma:tɛ]
¿Qué hay de nuevo?	Co je nového?	[tso jɛ novɛ:ho]
¡Chau! ¡Adiós!	Na shledanou!	[na sxlɛdanou]
¡Hasta pronto!	Brzy na shledanou!	[brzɪ na sxlɛdanou]
¡Adiós!	Sbohem!	[zbohɛm]
despedirse (vr)	loučit se	[loutʃɪt sɛ]
¡Hasta luego!	Ahoj!	[ahoj]
¡Gracias!	Děkuji!	[dekujɪ]
¡Muchas gracias!	Děkuji mnohokrát!	[dekujɪ mnohokra:t]
De nada	Prosím	[prosi:m]
No hay de qué	Nemoci se dočkat	[nɛmotsɪ sɛ dotʃkat]
De nada	Není zač	[nɛni: zatʃ]
¡Disculpa!	Promiň!	[promɪnʲ]
¡Disculpe!	Promiňte!	[promɪnʲtɛ]
disculpar (vt)	omlouvat	[omlouvat]

disculparse (vr)	omlouvat se	[omlouvat sɛ]
Mis disculpas	Má soustrast	[ma: soustrast]
¡Perdóneme!	Promiňte!	[promɪnʲtɛ]
perdonar (vt)	omlouvat	[omlouvat]
por favor	prosím	[prosi:m]
¡No se le olvide!	Nezapomeňte!	[nɛzapomɛnʲtɛ]
¡Ciertamente!	Jistě!	[jɪste]
¡Claro que no!	Rozhodně ne!	[rozhodne nɛ]
¡De acuerdo!	Souhlasím!	[souhlasi:m]
¡Basta!	Dost!	[dost]

3. Como dirigirse a otras personas

señor	Pane	[panɛ]
señora	Paní	[pani:]
señorita	Slečno	[slɛtʃno]
joven	Mladý muži	[mladi: muʒɪ]
niño	Chlapče	[xlaptʃɛ]
niña	Děvče	[devtʃɛ]

4. Números cardinales. Unidad 1

cero	nula (ž)	[nula]
uno	jeden	[jɛdɛn]
dos	dva	[dva]
tres	tři	[trʃɪ]
cuatro	čtyři	[tʃtɪrʒɪ]
cinco	pět	[pet]
seis	šest	[ʃɛst]
siete	sedm	[sɛdm]
ocho	osm	[osm]
nueve	devět	[dɛvet]
diez	deset	[dɛsɛt]
once	jedenáct	[jɛdɛna:tst]
doce	dvanáct	[dvana:tst]
trece	třináct	[trʃɪna:tst]
catorce	čtrnáct	[tʃtrna:tst]
quince	patnáct	[patna:tst]
dieciséis	šestnáct	[ʃɛstna:tst]
diecisiete	sedmnáct	[sɛdmna:tst]
dieciocho	osmnáct	[osmna:tst]
diecinueve	devatenáct	[dɛvatɛna:tst]
veinte	dvacet	[dvatsɛt]
veintiuno	dvacet jeden	[dvatsɛt jɛdɛn]
veintidós	dvacet dva	[dvatsɛt dva]
veintitrés	dvacet tři	[dvatsɛt trʃɪ]
treinta	třicet	[trʃɪtsɛt]

treinta y uno	třicet jeden	[trʃɪtsɛt jɛdɛn]
treinta y dos	třicet dva	[trʃɪtsɛt dva]
treinta y tres	třicet tři	[trʃɪtsɛt trʃɪ]

cuarenta	čtyřicet	[ʧtɪrʒɪtsɛt]
cuarenta y uno	čtyřicet jeden	[ʧtɪrʒɪtsɛt jɛdɛn]
cuarenta y dos	čtyřicet dva	[ʧtɪrʒɪtsɛt dva]
cuarenta y tres	čtyřicet tři	[ʧtɪrʒɪtsɛt trʃɪ]

cincuenta	padesát	[padesaːt
cincuenta y uno	padesát jeden	[padesaːt jɛdɛn]
cincuenta y dos	padesát dva	[padesaːt dva]
cincuenta y tres	padesát tři	[padesaːt trʃɪ]

sesenta	šedesát	[ʃɛdɛsaːt
sesenta y uno	šedesát jeden	[ʃɛdɛsaːt jɛdɛn]
sesenta y dos	šedesát dva	[ʃɛdɛsaːt dva]
sesenta y tres	šedesát tři	[ʃɛdɛsaːt trʃɪ]

setenta	sedmdesát	[sɛdmdɛsaːt
setenta y uno	sedmdesát jeden	[sɛdmdɛsaːt jɛdɛn]
setenta y dos	sedmdesát dva	[sɛdmdɛsaːt dva]
setenta y tres	sedmdesát tři	[sɛdmdɛsaːt trʃɪ]

ochenta	osmdesát	[osmdɛsaːt
ochenta y uno	osmdesát jeden	[osmdɛsaːt jɛdɛn]
ochenta y dos	osmdesát dva	[osmdɛsaːt dva]
ochenta y tres	osmdesát tři	[osmdɛsaːt trʃɪ]

noventa	devadesát	[dɛvadɛsaːt
noventa y uno	devadesát jeden	[dɛvadɛsaːt jɛdɛn]
noventa y dos	devadesát dva	[dɛvadɛsaːt dva]
noventa y tres	devadesát tři	[dɛvadɛsaːt trʃɪ]

5. Números cardinales. Unidad 2

cien	sto	[sto]
doscientos	dvě stě	[dve ste]
trescientos	tři sta	[trʃɪ sta]
cuatrocientos	čtyři sta	[ʧtɪrʒɪ sta]
quinientos	pět set	[pet sɛt]

seiscientos	šest set	[ʃɛst sɛt]
setecientos	sedm set	[sɛdm sɛt]
ochocientos	osm set	[osm sɛt]
novecientos	devět set	[dɛvet sɛt]

mil	tisíc (m)	[tɪsiːʦ]
dos mil	dva tisíce	[dva tɪsiːʦɛ]
tres mil	tři tisíce	[trʃɪ tɪsiːʦɛ]
diez mil	deset tisíc	[dɛsɛt tɪsiːʦ]
cien mil	sto tisíc	[sto tɪsiːʦ]
millón (m)	milión (m)	[mɪlɪoːn]
mil millones	miliarda (ž)	[mɪlɪarda]

6. Números ordinales

primero (adj)	první	[prvni:]
segundo (adj)	druhý	[druhi:]
tercero (adj)	třetí	[trʃɛti:]
cuarto (adj)	čtvrtý	[tʃtvrti:]
quinto (adj)	pátý	[pa:ti:]
sexto (adj)	šestý	[ʃɛsti:]
séptimo (adj)	sedmý	[sɛdmi:]
octavo (adj)	osmý	[osmi:]
noveno (adj)	devátý	[dɛva:ti:]
décimo (adj)	desátý	[dɛsa:ti:]

7. Números. Fracciones

fracción (f)	zlomek (m)	[zlomɛk]
un medio	polovina (ž)	[polovɪna]
un tercio	třetina (ž)	[trʃɛtɪna]
un cuarto	čtvrtina (ž)	[tʃtvrtɪna]
un octavo	osmina (ž)	[osmɪna]
un décimo	desetina (ž)	[dɛsɛtɪna]
dos tercios	dvě třetiny (ž)	[dve trʃɛtɪnɪ]
tres cuartos	tři čtvrtiny (ž)	[trʃɪ tʃtvrtɪnɪ]

8. Números. Operaciones básicas

sustracción (f)	odčítání (s)	[odtʃi:ta:ni:]
sustraer (vt)	odčítat	[odtʃi:tat]
división (f)	dělení (s)	[delɛni:]
dividir (vt)	dělit	[delɪt]
adición (f)	sčítání (s)	[stʃi:ta:ni:]
sumar (totalizar)	sečíst	[sɛtʃi:st]
adicionar (vt)	přidávat	[prʃɪda:vat]
multiplicación (f)	násobení (s)	[na:sobɛni:]
multiplicar (vt)	násobit	[na:sobɪt]

9. Números. Miscelánea

cifra (f)	číslice (ž)	[tʃi:slɪtsɛ]
número (m) (~ cardinal)	číslo (s)	[tʃi:slo]
numeral (m)	číslovka (ž)	[tʃi:slofka]
menos (m)	minus (m)	[mi:nus]
más (m)	plus (m)	[plus]
fórmula (f)	vzorec (m)	[vzorɛts]
cálculo (m)	vypočítávání (s)	[vɪpotʃi:ta:va:ni:]
contar (vt)	počítat	[potʃi:tat]

calcular (vt)	vypočítávat	[vɪpotʃiːtaːvat]
comparar (vt)	srovnávat	[srovnaːvat]

¿Cuánto?	Kolik?	[kolɪk]
suma (f)	součet (m)	[soutʃɛt]
resultado (m)	výsledek (m)	[viːslɛdɛk]
resto (m)	zůstatek (m)	[zuːstatɛk]

algunos, algunas ...	několik	[nɛkolɪk]
poco (adv)	málo	[maːlo]
resto (m)	zbytek (m)	[zbɪtɛk]
uno y medio	půl druhého	[puːl druhɛːho]
docena (f)	tucet (m)	[tutsɛt]

en dos	napolovic	[napolovɪts]
en partes iguales	stejně	[stɛjne]
mitad (f)	polovina (ž)	[polovɪna]
vez (f)	krát	[kraːt]

10. Los verbos más importantes. Unidad 1

abrir (vt)	otvírat	[otviːrat]
acabar, terminar (vt)	končit	[kontʃɪt]
aconsejar (vt)	radit	[radɪt]
adivinar (vt)	rozluštit	[rozluʃtɪt]
advertir (vt)	upozorňovat	[upozorɲovat]
alabarse, jactarse (vr)	vychloubat se	[vɪxloubat sɛ]

almorzar (vi)	obědvat	[obedvat]
alquilar (~ una casa)	pronajímat si	[pronajiːmat sɪ]
amenazar (vt)	vyhrožovat	[vɪhroʒovat]
arrepentirse (vr)	litovat	[lɪtovat]
ayudar (vt)	pomáhat	[pomaːhat]
bañarse (vr)	koupat se	[koupat sɛ]

bromear (vi)	žertovat	[ʒertovat]
buscar (vt)	hledat	[hlɛdat]
caer (vi)	padat	[padat]
callarse (vr)	mlčet	[mltʃɛt]
cambiar (vt)	změnit	[zmnenɪt]
castigar, punir (vt)	trestat	[trɛstat]

cavar (vt)	rýt	[riːt]
cazar (vi, vt)	lovit	[lovɪt]
cenar (vi)	večeřet	[vɛtʃɛrʒɛt]
cesar (vt)	zastavovat	[zastavovat]
coger (vt)	chytat	[xɪtat]
comenzar (vt)	začínat	[zatʃiːnat]

comparar (vt)	porovnávat	[porovnaːvat]
comprender (vt)	rozumět	[rozumnet]
confiar (vt)	důvěřovat	[duːverʒovat]
confundir (vt)	plést	[plɛːst]
conocer (~ a alguien)	znát	[znaːt]

contar (vt) (enumerar)	počítat	[potʃi:tat]
contar con ...	spoléhat na ...	[spolɛ:hat na]
continuar (vt)	pokračovat	[pokratʃovat]
controlar (vt)	kontrolovat	[kontrolovat]
correr (vi)	běžet	[beʒet]
costar (vt)	stát	[sta:t]
crear (vt)	vytvořit	[vɪtvorʒɪt]

11. Los verbos más importantes. Unidad 2

dar (vt)	dávat	[da:vat]
dar una pista	narážet	[nara:ʒet]
decir (vt)	říci	[rʒi:tsɪ]
decorar (para la fiesta)	zdobit	[zdobɪt]
defender (vt)	bránit	[bra:nɪt]
dejar caer	pouštět	[pouʃtet]
desayunar (vi)	snídat	[sni:dat]
descender (vi)	jít dolů	[ji:t dolu:]
dirigir (administrar)	řídit	[rʒi:dɪt]
disculparse (vr)	omlouvat se	[omlouvat sɛ]
discutir (vt)	projednávat	[projɛdna:vat]
dudar (vt)	pochybovat	[poxɪbovat]
encontrar (hallar)	nacházet	[naxa:zɛt]
engañar (vi, vt)	podvádět	[podva:det]
entrar (vi)	vcházet	[vxa:zet]
enviar (vt)	odesílat	[odɛsi:lat]
equivocarse (vr)	mýlit se	[mi:lɪt sɛ]
escoger (vt)	vybírat	[vɪbi:rat]
esconder (vt)	schovávat	[sxova:vat]
escribir (vt)	psát	[psa:t]
esperar (aguardar)	čekat	[tʃɛkat]
esperar (tener esperanza)	doufat	[doufat]
estar de acuerdo	souhlasit	[souhlasɪt]
estudiar (vt)	studovat	[studovat]
exigir (vt)	žádat	[ʒa:dat]
existir (vi)	existovat	[ɛgzɪstovat]
explicar (vt)	vysvětlovat	[vɪsvetlovat]
faltar (a las clases)	zameškávat	[zameʃka:vat]
firmar (~ el contrato)	podepisovat	[podɛpɪsovat]
girar (~ a la izquierda)	zatáčet	[zata:tʃɛt]
gritar (vi)	křičet	[krʃɪtʃɛt]
guardar (conservar)	zachovávat	[zaxova:vat]
gustar (vi)	líbit se	[li:bɪt sɛ]
hablar (vi, vt)	mluvit	[mluvɪt]
hacer (vt)	dělat	[delat]
informar (vt)	informovat	[ɪnformovat]

| insistir (vi) | trvat | [trvat] |
| insultar (vt) | urážet | [uraːʒet] |

interesarse (vr)	zajímat se	[zajiːmat sɛ]
invitar (vt)	zvát	[zvaːt]
ir (a pie)	jít	[jiːt]
jugar (divertirse)	hrát	[hraːt]

12. Los verbos más importantes. Unidad 3

leer (vi, vt)	číst	[tʃiːst]
liberar (ciudad, etc.)	osvobozovat	[osvobozovat]
llamar (por ayuda)	volat	[volat]
llegar (vi)	přijíždět	[prʃɪjiːʒdet]
llorar (vi)	plakat	[plakat]

matar (vt)	zabíjet	[zabiːjɛt]
mencionar (vt)	zmiňovat se	[zmɪnʲovat sɛ]
mostrar (vt)	ukazovat	[ukazovat]
nadar (vi)	plavat	[plavat]

negarse (vr)	odmítat	[odmiːtat]
objetar (vt)	namítat	[namiːtat]
observar (vt)	pozorovat	[pozorovat]
oír (vt)	slyšet	[slɪʃɛt]

olvidar (vt)	zapomínat	[zapomiːnat]
orar (vi)	modlit se	[modlɪt sɛ]
ordenar (mil.)	rozkazovat	[roskazovat]
pagar (vi, vt)	platit	[platɪt]
pararse (vr)	zastavovat se	[zastavovat sɛ]

participar (vi)	zúčastnit se	[zuːtʃastnɪt sɛ]
pedir (ayuda, etc.)	prosit	[prosɪt]
pedir (en restaurante)	objednávat	[objɛdnaːvat]
pensar (vi, vt)	myslit	[mɪslɪt]

percibir (ver)	všímat si	[vʃiːmat sɪ]
perdonar (vt)	odpouštět	[otpouʃtet]
permitir (vt)	dovolovat	[dovolovat]
pertenecer a ...	patřit	[patrʃɪt]

planear (vt)	plánovat	[plaːnovat]
poder (v aux)	moci	[motsɪ]
poseer (vt)	vlastnit	[vlastnɪt]
preferir (vt)	dávat přednost	[daːvat prʃɛdnost]
preguntar (vt)	ptát se	[ptaːt sɛ]

preparar (la cena)	vařit	[varʒɪt]
prever (vt)	předvídat	[prʃɛdviːdat]
probar, tentar (vt)	zkoušet	[skouʃɛt]
prometer (vt)	slibovat	[slɪbovat]
pronunciar (vt)	vyslovovat	[vɪslovovat]
proponer (vt)	nabízet	[nabiːzɛt]

quebrar (vt)	lámat	[laːmat]
quejarse (vr)	stěžovat si	[steʒovat sɪ]
querer (amar)	milovat	[mɪlovat]
querer (desear)	chtít	[xtiːt]

13. Los verbos más importantes. Unidad 4

recomendar (vt)	doporučovat	[doporutʃovat]
regañar, reprender (vt)	nadávat	[nadaːvat]
reírse (vr)	smát se	[smaːt sɛ]
repetir (vt)	opakovat	[opakovat]
reservar (~ una mesa)	rezervovat	[rɛzɛrvovat]
responder (vi, vt)	odpovídat	[otpoviːdat]

robar (vt)	krást	[kraːst]
saber (~ algo mas)	vědět	[vedet]
salir (vi)	vycházet	[vɪxaːzɛt]
salvar (vt)	zachraňovat	[zaxranʲovat]
seguir ...	následovat	[naːslɛdovat]
sentarse (vr)	sednout si	[sɛdnout sɪ]

ser necesario	být potřebný	[biːt potrʃɛbniː]
ser, estar (vi)	být	[biːt]
significar (vt)	znamenat	[znamɛnat]
sonreír (vi)	usmívat se	[usmiːvat sɛ]
sorprenderse (vr)	divit se	[dɪvɪt sɛ]

subestimar (vt)	podceňovat	[potsɛnʲovat]
tener (vt)	mít	[miːt]
tener hambre	mít hlad	[miːt hlat]
tener miedo	bát se	[baːt sɛ]

tener prisa	spěchat	[spexat]
tener sed	mít žízeň	[miːt ʒiːzɛnʲ]
tirar, disparar (vi)	střílet	[strʃiːlɛt]
tocar (con las manos)	dotýkat se	[dotiːkat sɛ]
tomar (vt)	brát	[braːt]
tomar nota	zapisovat si	[zapɪsovat sɪ]

trabajar (vi)	pracovat	[pratsovat]
traducir (vt)	překládat	[prʃɛklaːdat]
unir (vt)	sjednocovat	[sjɛdnotsovat]
vender (vt)	prodávat	[prodaːvat]
ver (vt)	vidět	[vɪdet]
volar (pájaro, avión)	letět	[lɛtet]

14. Los colores

color (m)	barva (ž)	[barva]
matiz (m)	odstín (m)	[otstiːn]
tono (m)	tón (m)	[toːn]
arco (m) iris	duha (ž)	[duha]

blanco (adj)	bílý	[bi:li:]
negro (adj)	černý	[ʧɛrni:]
gris (adj)	šedý	[ʃɛdi:]

verde (adj)	zelený	[zɛlɛni:]
amarillo (adj)	žlutý	[ʒluti:]
rojo (adj)	červený	[ʧɛrvɛni:]

azul (adj)	modrý	[modri:]
azul claro (adj)	bledě modrý	[blɛde modri:]
rosa (adj)	růžový	[ru:ʒovi:]
naranja (adj)	oranžový	[oranʒovi:]
violeta (adj)	fialový	[fɪalovi:]
marrón (adj)	hnědý	[hnedi:]

| dorado (adj) | zlatý | [zlati:] |
| argentado (adj) | stříbřitý | [strʃi:brʒɪti:] |

beige (adj)	béžový	[bɛ:ʒovi:]
crema (adj)	krémový	[krɛ:movi:]
turquesa (adj)	tyrkysový	[tɪrkɪsovi:]
rojo cereza (adj)	višňový	[vɪʃnʲovi:]
lila (adj)	lila	[lɪla]
carmesí (adj)	malinový	[malɪnovi:]

claro (adj)	světlý	[svetli:]
oscuro (adj)	tmavý	[tmavi:]
vivo (adj)	jasný	[jasni:]

de color (lápiz ~)	barevný	[barɛvni:]
en colores (película ~)	barevný	[barɛvni:]
blanco y negro (adj)	černobílý	[ʧɛrnobi:li:]
unicolor (adj)	jednobarevný	[jɛdnobarɛvni:]
multicolor (adj)	různobarevný	[ru:znobarɛvni:]

15. Las preguntas

¿Quién?	Kdo?	[gdo]
¿Qué?	Co?	[tso]
¿Dónde?	Kde?	[gdɛ]
¿Adónde?	Kam?	[kam]
¿De dónde?	Odkud?	[otkut]
¿Cuándo?	Kdy?	[gdɪ]
¿Para qué?	Proč?	[proʧ]
¿Por qué?	Proč?	[proʧ]

¿Por qué razón?	Na co?	[na tso]
¿Cómo?	Jak?	[jak]
¿Qué ...? (~ color)	Jaký?	[jaki:]
¿Cuál?	Který?	[ktɛri:]

¿A quién?	Komu?	[komu]
¿De quién? (~ hablan ...)	O kom?	[o kom]
¿De qué?	O čem?	[o ʧɛm]

¿Con quién?	S kým?	[s ki:m]
¿Cuánto?	Kolik?	[kolɪk]
¿De quién? (~ es este ...)	Čí?	[tʃi:]

16. Las preposiciones

con ... (~ algn)	s, se	[s], [sɛ]
sin ... (~ azúcar)	bez	[bɛz]
a ... (p.ej. voy a México)	do	[do]
de ... (hablar ~)	o	[o]
antes de ...	před	[prʃɛt]
delante de ...	před	[prʃɛt]

debajo	pod	[pot]
sobre ..., encima de ...	nad	[nat]
en, sobre (~ la mesa)	na	[na]
de (origen)	z	[z]
de (fabricado de)	z	[z]

| dentro de ... | za | [za] |
| encima de ... | přes | [prʃɛs] |

17. Las palabras útiles. Los adverbios. Unidad 1

¿Dónde?	Kde?	[gdɛ]
aquí (adv)	zde	[zdɛ]
allí (adv)	tam	[tam]

| en alguna parte | někde | [negdɛ] |
| en ninguna parte | nikde | [nɪgdɛ] |

| junto a ... | u ... | [u] |
| junto a la ventana | u okna | [u okna] |

¿A dónde?	Kam?	[kam]
aquí (venga ~)	sem	[sɛm]
allí (vendré ~)	tam	[tam]
de aquí (adv)	odsud	[otsut]
de allí (adv)	odtamtud	[odtamtut]

| cerca (no lejos) | blízko | [bli:sko] |
| lejos (adv) | daleko | [dalɛko] |

cerca de ...	kolem	[kolɛm]
al lado (de ...)	poblíž	[pobli:ʒ]
no lejos (adv)	nedaleko	[nɛdalɛko]

izquierdo (adj)	levý	[lɛvi:]
a la izquierda (situado ~)	zleva	[zlɛva]
a la izquierda (girar ~)	vlevo	[vlɛvo]
derecho (adj)	pravý	[pravi:]
a la derecha (situado ~)	zprava	[sprava]

T&P Books. Vocabulario Español-Checo - 5000 palabras más usadas

a la derecha (girar)	vpravo	[vpravo]
delante (yo voy ~)	zpředu	[sprʃɛdu]
delantero (adj)	přední	[prʃɛdni:]
adelante (movimiento)	vpřed	[vprʃɛt]
detrás de ...	za	[za]
desde atrás	zezadu	[zɛzadu]
atrás (da un paso ~)	zpět	[spet]
centro (m), medio (m)	střed (m)	[strʃɛt]
en medio (adv)	uprostřed	[uprostrʃɛt]
de lado (adv)	z boku	[z boku]
en todas partes	všude	[vʃudɛ]
alrededor (adv)	kolem	[kolɛm]
de dentro (adv)	zevnitř	[zɛvnɪtrʃ]
a alguna parte	někam	[nekam]
todo derecho (adv)	přímo	[prʃi:mo]
atrás (muévelo para ~)	zpět	[spet]
de alguna parte (adv)	odněkud	[odnekut]
no se sabe de dónde	odněkud	[odnekut]
primero (adv)	za prvé	[za prvɛ:]
segundo (adv)	za druhé	[za druhɛ:]
tercero (adv)	za třetí	[za trʃeti:]
de súbito (adv)	najednou	[najɛdnou]
al principio (adv)	zpočátku	[spotʃa:tku]
por primera vez	poprvé	[poprvɛ:]
mucho tiempo antes ...	dávno před ...	[da:vno prʃɛt]
de nuevo (adv)	znovu	[znovu]
para siempre (adv)	navždy	[navʒdɪ]
jamás, nunca (adv)	nikdy	[nɪgdɪ]
de nuevo (adv)	opět	[opet]
ahora (adv)	nyní	[nɪni:]
frecuentemente (adv)	často	[tʃasto]
entonces (adv)	tehdy	[tɛhdɪ]
urgentemente (adv)	neodkladně	[nɛotkladne]
usualmente (adv)	obyčejně	[obɪtʃɛjne]
a propósito, ...	mimochodem	[mɪmoxodɛm]
es probable	možná	[moʒna:]
probablemente (adv)	asi	[asɪ]
tal vez	možná	[moʒna:]
además ...	kromě toho ...	[kromne toho]
por eso ...	proto ...	[proto]
a pesar de ...	nehledě na ...	[nɛhlɛde na]
gracias a ...	díky ...	[di:kɪ]
qué (pron)	co	[tso]
que (conj)	že	[ʒe]
algo (~ le ha pasado)	něco	[netso]
algo (~ así)	něco	[netso]

nada (f)	nic	[nɪʦ]
quien	kdo	[gdo]
alguien (viene ~)	někdo	[negdo]
alguien (¿ha llamado ~?)	někdo	[negdo]

nadie	nikdo	[nɪgdo]
a ninguna parte	nikam	[nɪkam]
de nadie	ničí	[nɪtʃi:]
de alguien	něčí	[netʃi:]

tan, tanto (adv)	tak	[tak]
también (~ habla francés)	také	[takɛ:]
también (p.ej. Yo ~)	také	[takɛ:]

18. Las palabras útiles. Los adverbios. Unidad 2

¿Por qué?	Proč?	[protʃ]
no se sabe porqué	z nějakých důvodů	[z nejaki:x du:vodu:]
porque ...	protože ...	[protoʒe]
por cualquier razón (adv)	z nějakých důvodů	[z nejaki:x du:vodu:]

y (p.ej. uno y medio)	a	[a]
o (p.ej. té o café)	nebo	[nɛbo]
pero (p.ej. me gusta, ~)	ale	[alɛ]
para (p.ej. es para ti)	pro	[pro]

demasiado (adv)	příliš	[prʃi:lɪʃ]
sólo, solamente (adv)	jenom	[jɛnom]
exactamente (adv)	přesně	[prʃɛsne]
unos ...,	kolem	[kolɛm]
cerca de ... (~ 10 kg)		

aproximadamente	přibližně	[prʃɪblɪʒne]
aproximado (adj)	přibližný	[prʃɪblɪʒni:]
casi (adv)	skoro	[skoro]
resto (m)	zbytek (m)	[zbɪtɛk]

cada (adj)	každý	[kaʒdi:]
cualquier (adj)	každý	[kaʒdi:]
mucho (adv)	mnoho	[mnoho]
muchos (mucha gente)	mnozí	[mnozi:]
todos	všichni	[vʃɪxnɪ]

a cambio de ...	výměnou za ...	[vi:mnenou za]
en cambio (adv)	místo	[mi:sto]
a mano (hecho ~)	ručně	[rutʃne]
poco probable	sotva	[sotva]

probablemente	asi	[asɪ]
a propósito (adv)	schválně	[sxva:lne]
por accidente (adv)	náhodou	[na:hodou]

| muy (adv) | velmi | [vɛlmɪ] |
| por ejemplo (adv) | například | [naprʃi:klat] |

entre (~ nosotros)	**mezi**	[mɛzɪ]
entre (~ otras cosas)	**mezi**	[mɛzɪ]
tanto (~ gente)	**tolik**	[tolɪk]
especialmente (adv)	**zejména**	[zɛjmɛ:na]

Conceptos básicos. Unidad 2

19. Los días de la semana

lunes (m)	pondělí (s)	[pondeli:]
martes (m)	úterý (s)	[u:tɛri:]
miércoles (m)	středa (ž)	[strʃɛda]
jueves (m)	čtvrtek (m)	[ʧtvrtɛk]
viernes (m)	pátek (m)	[pa:tɛk]
sábado (m)	sobota (ž)	[sobota]
domingo (m)	neděle (ž)	[nɛdelɛ]
hoy (adv)	dnes	[dnɛs]
mañana (adv)	zítra	[zi:tra]
pasado mañana	pozítří	[pozi:trʃi:]
ayer (adv)	včera	[vʧɛra]
anteayer (adv)	předevčírem	[prʃɛdɛvʧi:rɛm]
día (m)	den (m)	[dɛn]
día (m) de trabajo	pracovní den (m)	[pratsovni: dɛn]
día (m) de fiesta	sváteční den (m)	[sva:tɛʧni: dɛn]
día (m) de descanso	volno (s)	[volno]
fin (m) de semana	víkend (m)	[vi:kɛnt]
todo el día	celý den	[tsɛli: dɛn]
al día siguiente	příští den	[prʃi:ʃti: dɛn]
dos días atrás	před dvěma dny	[prʃɛd dvema dnɪ]
en vísperas (adv)	den předtím	[dɛn prʃɛdti:m]
diario (adj)	denní	[dɛnni:]
cada día (adv)	denně	[dɛnne]
semana (f)	týden (m)	[ti:dɛn]
semana (f) pasada	minulý týden	[mɪnuli: ti:dɛn]
semana (f) que viene	příští týden	[prʃi:ʃti: ti:dɛn]
semanal (adj)	týdenní	[ti:dɛnni:]
cada semana (adv)	týdně	[ti:dne]
2 veces por semana	dvakrát týdně	[dvakra:t ti:dne]
todos los martes	každé úterý	[kaʒdɛ: u:tɛri:]

20. Las horas. El día y la noche

mañana (f)	ráno (s)	[ra:no]
por la mañana	ráno	[ra:no]
mediodía (m)	poledne (s)	[polɛdnɛ]
por la tarde	odpoledne	[otpolɛdnɛ]
noche (f)	večer (m)	[vɛʧɛr]
por la noche	večer	[vɛʧɛr]

noche (f) (p.ej. 2:00 a.m.)	noc (ž)	[nots]
por la noche	v noci	[v notsɪ]
medianoche (f)	půlnoc (ž)	[puːlnots]

segundo (m)	sekunda (ž)	[sɛkunda]
minuto (m)	minuta (ž)	[mɪnuta]
hora (f)	hodina (ž)	[hodɪna]
media hora (f)	půlhodina (ž)	[puːlhodɪna]
cuarto (m) de hora	čtvrthodina (ž)	[tʃtvrthodɪna]
quince minutos	patnáct minut	[patnaːtst mɪnut]
veinticuatro horas	den a noc	[dɛn a nots]

salida (f) del sol	východ (m) slunce	[viːxod sluntsɛ]
amanecer (m)	úsvit (m)	[uːsvɪt]
madrugada (f)	časné ráno (s)	[tʃasnɛː raːno]
puesta (f) del sol	západ (m) slunce	[zaːpat sluntsɛ]

de madrugada	brzy ráno	[brzɪ raːno]
esta mañana	dnes ráno	[dnɛs raːno]
mañana por la mañana	zítra ráno	[ziːtra raːno]

esta tarde	dnes odpoledne	[dnɛs otpolɛdnɛ]
por la tarde	odpoledne	[otpolɛdnɛ]
mañana por la tarde	zítra odpoledne	[ziːtra otpolɛdnɛ]

| esta noche (p.ej. 8:00 p.m.) | dnes večer | [dnɛs vɛtʃɛr] |
| mañana por la noche | zítra večer | [ziːtra vɛtʃɛr] |

a las tres en punto	přesně ve tři hodiny	[prʃɛsne vɛ trʃɪ hodɪnɪ]
a eso de las cuatro	kolem čtyř hodin	[kolɛm tʃtɪrʒ hodɪn]
para las doce	do dvanácti hodin	[do dvanaːtstɪ hodɪn]

dentro de veinte minutos	za dvacet minut	[za dvatsɛt mɪnut]
dentro de una hora	za hodinu	[za hodɪnu]
a tiempo (adv)	včas	[vtʃas]

... menos cuarto	tři čtvrtě	[trʃɪ tʃtvrte]
durante una hora	během hodiny	[bɛhɛm hodɪnɪ]
cada quince minutos	každých patnáct minut	[kaʒdiːx patnaːtst mɪnut]
día y noche	celodenně	[tsɛlodɛnne]

21. Los meses. Las estaciones

enero (m)	leden (m)	[lɛdɛn]
febrero (m)	únor (m)	[uːnor]
marzo (m)	březen (m)	[brʒɛzɛn]
abril (m)	duben (m)	[dubɛn]
mayo (m)	květen (m)	[kvetɛn]
junio (m)	červen (m)	[tʃɛrvɛn]

julio (m)	červenec (m)	[tʃɛrvɛnɛts]
agosto (m)	srpen (m)	[srpɛn]
septiembre (m)	září (s)	[zaːrʒiː]
octubre (m)	říjen (m)	[rʒiːjɛn]

| noviembre (m) | listopad (m) | [lɪstopat] |
| diciembre (m) | prosinec (m) | [prosɪnɛts] |

primavera (f)	jaro (s)	[jaro]
en primavera	na jaře	[na jarʒɛ]
de primavera (adj)	jarní	[jarni:]

verano (m)	léto (s)	[lɛ:to]
en verano	v létě	[v lɛ:te]
de verano (adj)	letní	[lɛtni:]

otoño (m)	podzim (m)	[podzɪm]
en otoño	na podzim	[na podzɪm]
de otoño (adj)	podzimní	[podzɪmni:]

invierno (m)	zima (ž)	[zɪma]
en invierno	v zimě	[v zɪmne]
de invierno (adj)	zimní	[zɪmni:]

mes (m)	měsíc (m)	[mnesi:ts]
este mes	tento měsíc	[tɛnto mnesi:ts]
al mes siguiente	příští měsíc	[prʃi:ʃti: mnesi:ts]
el mes pasado	minulý měsíc	[mɪnuli: mnesi:ts]

hace un mes	před měsícem	[prʃɛd mnesi:tsɛm]
dentro de un mes	za měsíc	[za mnesi:ts]
dentro de dos meses	za dva měsíce	[za dva mnesi:tsɛ]
todo el mes	celý měsíc	[tsɛli: mnesi:ts]
todo un mes	celý měsíc	[tsɛli: mnesi:ts]

mensual (adj)	měsíční	[mnesi:tʃni:]
mensualmente (adv)	každý měsíc	[kaʒdi: mnesi:ts]
cada mes	měsíčně	[mnesi:tʃne]
dos veces por mes	dvakrát měsíčně	[dvakra:t mnesi:tʃne]

año (m)	rok (m)	[rok]
este año	letos	[lɛtos]
el próximo año	příští rok	[prʃi:ʃti: rok]
el año pasado	vloni	[vlonɪ]

hace un año	před rokem	[prʃɛd rokɛm]
dentro de un año	za rok	[za rok]
dentro de dos años	za dva roky	[za dva rokɪ]
todo el año	celý rok	[tsɛli: rok]
todo un año	celý rok	[tsɛli: rok]

cada año	každý rok	[kaʒdi: rok]
anual (adj)	každoroční	[kaʒdorotʃni:]
anualmente (adv)	každoročně	[kaʒdorotʃne]
cuatro veces por año	čtyřikrát za rok	[tʃtɪrʒɪkra:t za rok]

fecha (f) (la ~ de hoy es …)	datum (s)	[datum]
fecha (f) (~ de entrega)	datum (s)	[datum]
calendario (m)	kalendář (m)	[kalɛnda:rʃ]
medio año (m)	půl roku	[pu:l roku]
seis meses	půlrok (m)	[pu:lrok]

| estación (f) | období (s) | [obdobi:] |
| siglo (m) | století (s) | [stolɛti:] |

22. Las unidades de medida

peso (m)	váha (ž)	[va:ha]
longitud (f)	délka (ž)	[dɛ:lka]
anchura (f)	šířka (ž)	[ʃi:rʃka]
altura (f)	výška (ž)	[vi:ʃka]
profundidad (f)	hloubka (ž)	[hloupka]
volumen (m)	objem (m)	[objɛm]
área (f)	plocha (ž)	[ploxa]

gramo (m)	gram (m)	[gram]
miligramo (m)	miligram (m)	[mɪlɪgram]
kilogramo (m)	kilogram (m)	[kɪlogram]
tonelada (f)	tuna (ž)	[tuna]
libra (f)	libra (ž)	[lɪbra]
onza (f)	unce (ž)	[unʦɛ]

metro (m)	metr (m)	[mɛtr]
milímetro (m)	milimetr (m)	[mɪlɪmɛtr]
centímetro (m)	centimetr (m)	[ʦɛntɪmɛtr]
kilómetro (m)	kilometr (m)	[kɪlomɛtr]
milla (f)	míle (ž)	[mi:lɛ]

pulgada (f)	coul (m)	[ʦoul]
pie (m)	stopa (ž)	[stopa]
yarda (f)	yard (m)	[jart]

| metro (m) cuadrado | čtvereční metr (m) | [ʧtvɛrɛʧni: mɛtr] |
| hectárea (f) | hektar (m) | [hɛktar] |

litro (m)	litr (m)	[lɪtr]
grado (m)	stupeň (m)	[stupɛnʲ]
voltio (m)	volt (m)	[volt]
amperio (m)	ampér (m)	[ampɛ:r]
caballo (m) de fuerza	koňská síla (ž)	[konʲska: si:la]

cantidad (f)	množství (s)	[mnoʒstvi:]
un poco de ...	trochu ...	[troxu]
mitad (f)	polovina (ž)	[polovɪna]

| docena (f) | tucet (m) | [tuʦɛt] |
| pieza (f) | kus (m) | [kus] |

| dimensión (f) | rozměr (m) | [rozmner] |
| escala (f) (del mapa) | měřítko (s) | [mnɛrʒi:tko] |

mínimo (adj)	minimální	[mɪnɪma:lni:]
el más pequeño (adj)	nejmenší	[nɛjmɛnʃi:]
medio (adj)	střední	[strʃɛdni:]
máximo (adj)	maximální	[maksɪma:lni:]
el más grande (adj)	největší	[nɛjvetʃi:]

23. Contenedores

tarro (m) de vidrio	sklenice (ž)	[sklɛnɪtsɛ]
lata (f)	plechovka (ž)	[plɛxofka]
cubo (m)	vědro (s)	[vedro]
barril (m)	sud (m)	[sut]

palangana (f)	mísa (ž)	[mi:sa]
tanque (m)	nádrž (ž)	[na:drʃ]
petaca (f) (de alcohol)	plochá láhev (ž)	[ploxa: la:gɛf]
bidón (m) de gasolina	kanystr (m)	[kanɪstr]
cisterna (f)	cisterna (ž)	[tsɪstɛrna]

taza (f) (mug de cerámica)	hrníček (m)	[hrni:tʃɛk]
taza (f) (~ de café)	šálek (m)	[ʃa:lɛk]
platillo (m)	talířek (m)	[tali:rʒɛk]
vaso (m) (~ de agua)	sklenice (ž)	[sklɛnɪtsɛ]
copa (f) (~ de vino)	sklenka (ž)	[sklɛŋka]
olla (f)	hrnec (m)	[hrnɛts]

botella (f)	láhev (ž)	[la:hɛf]
cuello (m) de botella	hrdlo (s)	[hrdlo]

garrafa (f)	karafa (ž)	[karafa]
jarro (m) (~ de agua)	džbán (m)	[dʒba:n]
recipiente (m)	nádoba (ž)	[na:doba]
tarro (m)	hrnec (m)	[hrnɛts]
florero (m)	váza (ž)	[va:za]

frasco (m) (~ de perfume)	flakón (m)	[flako:n]
frasquito (m)	lahvička (ž)	[lahvɪtʃka]
tubo (m)	tuba (ž)	[tuba]

saco (m) (~ de azúcar)	pytel (m)	[pɪtɛl]
bolsa (f) (~ plástica)	sáček (m)	[sa:tʃɛk]
paquete (m) (~ de cigarrillos)	balíček (m)	[bali:tʃɛk]

caja (f)	krabice (ž)	[krabɪtsɛ]
cajón (m) (~ de madera)	schránka (ž)	[sxra:ŋka]
cesta (f)	koš (m)	[koʃ]

EL SER HUMANO

El ser humano. El cuerpo

24. La cabeza

cabeza (f)	hlava (ž)	[hlava]
cara (f)	obličej (ž)	[oblɪtʃɛj]
nariz (f)	nos (m)	[nos]
boca (f)	ústa (s mn)	[u:sta]
ojo (m)	oko (s)	[oko]
ojos (m pl)	oči (s mn)	[otʃɪ]
pupila (f)	zornice (ž)	[zornɪtsɛ]
ceja (f)	obočí (s)	[obotʃi:]
pestaña (f)	řasa (ž)	[rʒasa]
párpado (m)	víčko (s)	[vi:tʃko]
lengua (f)	jazyk (m)	[jazɪk]
diente (m)	zub (m)	[zup]
labios (m pl)	rty (m mn)	[rtɪ]
pómulos (m pl)	lícní kosti (ž mn)	[li:tsni: kostɪ]
encía (f)	dáseň (ž)	[da:sɛnʲ]
paladar (m)	patro (s)	[patro]
ventanas (f pl)	chřípí (s)	[xrʃi:pi:]
mentón (m)	brada (ž)	[brada]
mandíbula (f)	čelist (ž)	[tʃɛlɪst]
mejilla (f)	tvář (ž)	[tva:rʃ]
frente (f)	čelo (s)	[tʃɛlo]
sien (f)	spánek (s)	[spa:nɛk]
oreja (f)	ucho (s)	[uxo]
nuca (f)	týl (m)	[ti:l]
cuello (m)	krk (m)	[krk]
garganta (f)	hrdlo (s)	[hrdlo]
pelo, cabello (m)	vlasy (m mn)	[vlasɪ]
peinado (m)	účes (m)	[u:tʃɛs]
corte (m) de pelo	střih (m)	[strʃɪx]
peluca (f)	paruka (ž)	[paruka]
bigote (m)	vousy (m mn)	[vousɪ]
barba (f)	plnovous (m)	[plnovous]
tener (~ la barba)	nosit	[nosɪt]
trenza (f)	cop (m)	[tsop]
patillas (f pl)	licousy (m mn)	[lɪtsousɪ]
pelirrojo (adj)	zrzavý	[zrzavi:]
gris, canoso (adj)	šedivý	[ʃɛdɪvi:]

| calvo (adj) | lysý | [lɪsiː] |
| calva (f) | lysina (ž) | [lɪsɪna] |

| cola (f) de caballo | ocas (m) | [otsas] |
| flequillo (m) | ofina (ž) | [ofɪna] |

25. El cuerpo

| mano (f) | ruka (ž) | [ruka] |
| brazo (m) | ruka (ž) | [ruka] |

dedo (m)	prst (m)	[prst]
dedo (m) pulgar	palec (m)	[palɛts]
dedo (m) meñique	malíček (m)	[maliːtʃɛk]
uña (f)	nehet (m)	[nɛhɛt]

puño (m)	pěst (ž)	[pest]
palma (f)	dlaň (ž)	[dlanʲ]
muñeca (f)	zápěstí (s)	[zaːpɛstiː]
antebrazo (m)	předloktí (s)	[prʃɛdlokti:]
codo (m)	loket (m)	[lokɛt]
hombro (m)	rameno (s)	[ramɛno]

pierna (f)	noha (ž)	[noha]
planta (f)	chodidlo (s)	[xodɪdlo]
rodilla (f)	koleno (s)	[kolɛno]
pantorrilla (f)	lýtko (s)	[liːtko]
cadera (f)	stehno (s)	[stɛhno]
talón (m)	pata (ž)	[pata]

cuerpo (m)	tělo (s)	[telo]
vientre (m)	břicho (s)	[brʒɪxo]
pecho (m)	prsa (s mn)	[prsa]
seno (m)	prs (m)	[prs]
lado (m), costado (m)	bok (m)	[bok]
espalda (f)	záda (s mn)	[zaːda]
zona (f) lumbar	kříž (m)	[krʃiːʃ]
cintura (f), talle (m)	pás (m)	[paːs]

ombligo (m)	pupek (m)	[pupɛk]
nalgas (f pl)	hýždě (ž mn)	[hiːʒde]
trasero (m)	zadek (m)	[zadɛk]

lunar (m)	mateřské znaménko (s)	[matɛrʃkɛː znamɛːŋko]
tatuaje (m)	tetování (s)	[tɛtovaːniː]
cicatriz (f)	jizva (ž)	[jɪzva]

La ropa y los accesorios

26. La ropa exterior. Los abrigos

ropa (f)	oblečení (s)	[oblɛtʃɛni:]
ropa (f) de calle	svrchní oděv (m)	[svrxni: odef]
ropa (f) de invierno	zimní oděv (m)	[zɪmni: odef]
abrigo (m)	kabát (m)	[kaba:t]
abrigo (m) de piel	kožich (m)	[koʒɪx]
abrigo (m) corto de piel	krátký kožich (m)	[kra:tki: koʒɪx]
chaqueta (f) plumón	peřová bunda (ž)	[pɛrʒova: bunda]
cazadora (f)	bunda (ž)	[bunda]
impermeable (m)	plášť (m)	[pla:ʃtʲ]
impermeable (adj)	nepromokavý	[nɛpromokavi:]

27. Ropa de hombre y mujer

camisa (f)	košile (ž)	[koʃɪlɛ]
pantalones (m pl)	kalhoty (ž mn)	[kalhotɪ]
jeans, vaqueros (m pl)	džínsy (m mn)	[dʒi:nsɪ]
chaqueta (f), saco (m)	sako (s)	[sako]
traje (m)	pánský oblek (m)	[pa:nski: oblɛk]
vestido (m)	šaty (m mn)	[ʃatɪ]
falda (f)	sukně (ž)	[sukne]
blusa (f)	blůzka (ž)	[blu:ska]
rebeca (f), chaqueta (f) de punto	svetr (m)	[svɛtr]
chaqueta (f)	žaket (m)	[ʒakɛt]
camiseta (f) (T-shirt)	tričko (s)	[trɪtʃko]
pantalones (m pl) cortos	šortky (ž mn)	[ʃortkɪ]
traje (m) deportivo	tepláková souprava (ž)	[tɛpla:kova: souprava]
bata (f) de baño	župan (m)	[ʒupan]
pijama (m)	pyžamo (s)	[piʒamo]
suéter (m)	svetr (m)	[svɛtr]
pulóver (m)	pulovr (m)	[pulovr]
chaleco (m)	vesta (ž)	[vɛsta]
frac (m)	frak (m)	[frak]
esmoquin (m)	smoking (m)	[smokɪŋk]
uniforme (m)	uniforma (ž)	[unɪforma]
ropa (f) de trabajo	pracovní oděv (m)	[pratsovni: odef]
mono (m)	kombinéza (ž)	[kombɪnɛ:za]
bata (f) (p. ej. ~ blanca)	plášť (m)	[pla:ʃtʲ]

28. La ropa. La ropa interior

ropa (f) interior	spodní prádlo (s)	[spodni: pra:dlo]
camiseta (f) interior	tílko (s)	[tilko]
calcetines (m pl)	ponožky (ž mn)	[ponoʃkɪ]
camisón (m)	noční košile (ž)	[notʃni: koʃɪlɛ]
sostén (m)	podprsenka (ž)	[potprsɛŋka]
calcetines (m pl) altos	podkolenky (ž mn)	[potkolɛŋkɪ]
pantimedias (f pl)	punčochové kalhoty (ž mn)	[puntʃoxovɛ: kalgotɪ]
medias (f pl)	punčochy (ž mn)	[puntʃoxɪ]
traje (m) de baño	plavky (ž mn)	[plafkɪ]

29. Gorras

gorro (m)	čepice (ž)	[tʃɛpɪtsɛ]
sombrero (m) de fieltro	klobouk (m)	[klobouk]
gorra (f) de béisbol	kšiltovka (ž)	[kʃɪltofka]
gorra (f) plana	čepice (ž)	[tʃɛpɪtsɛ]
boina (f)	baret (m)	[barɛt]
capuchón (m)	kapuce (ž)	[kaputsɛ]
panamá (m)	panamský klobouk (m)	[panamski: klobouk]
gorro (m) de punto	pletená čepice (ž)	[plɛtɛna: tʃɛpɪtsɛ]
pañuelo (m)	šátek (m)	[ʃa:tɛk]
sombrero (m) de mujer	klobouček (m)	[kloboutʃɛk]
casco (m) (~ protector)	přilba (ž)	[pr̝ɪlba]
gorro (m) de campaña	lodička (ž)	[lodɪtʃka]
casco (m) (~ de moto)	helma (ž)	[hɛlma]
bombín (m)	tvrďák (m)	[tvrdʲa:k]
sombrero (m) de copa	válec (m)	[va:lɛts]

30. El calzado

calzado (m)	obuv (ž)	[obuʃ]
botas (f pl)	boty (ž mn)	[botɪ]
zapatos (m pl)	střevíce (m mn)	[strʃɛvi:tsɛ]
(~ de tacón bajo)		
botas (f pl) altas	holínky (ž mn)	[holi:ŋkɪ]
zapatillas (f pl)	bačkory (ž mn)	[batʃkorɪ]
tenis (m pl)	tenisky (ž mn)	[tɛnɪskɪ]
zapatillas (f pl) de lona	kecky (ž mn)	[kɛtskɪ]
sandalias (f pl)	sandály (m mn)	[sanda:lɪ]
zapatero (m)	obuvník (m)	[obuvni:k]
tacón (m)	podpatek (m)	[potpatɛk]
par (m)	pár (m)	[pa:r]

cordón (m)	tkanička (ž)	[tkanɪtʃka]
encordonar (vt)	šněrovat	[ʃnerovat]
calzador (m)	lžíce (ž) na boty	[ɬʒiːtsɛ na botɪ]
betún (m)	krém (m) na boty	[krɛːm na botɪ]

31. Accesorios personales

guantes (m pl)	rukavice (ž mn)	[rukavɪtsɛ]
manoplas (f pl)	palčáky (m mn)	[paltʃaːkɪ]
bufanda (f)	šála (ž)	[ʃaːla]

gafas (f pl)	brýle (ž mn)	[briːlɛ]
montura (f)	obroučky (m mn)	[obroutʃkɪ]
paraguas (m)	deštník (m)	[dɛʃtniːk]
bastón (m)	hůl (ž)	[huːl]
cepillo (m) de pelo	kartáč (m) na vlasy	[kartaːtʃ na vlasɪ]
abanico (m)	vějíř (m)	[vejiːrʃ]

corbata (f)	kravata (ž)	[kravata]
pajarita (f)	motýlek (m)	[motiːlɛk]
tirantes (m pl)	šle (ž mn)	[ʃlɛ]
moquero (m)	kapesník (m)	[kapesniːk]

peine (m)	hřeben (m)	[hrʒɛbɛn]
pasador (m) de pelo	sponka (ž)	[spoŋka]
horquilla (f)	vlásnička (ž)	[vlaːsnɪtʃka]
hebilla (f)	spona (ž)	[spona]

| cinturón (m) | pás (m) | [paːs] |
| correa (f) (de bolso) | řemen (m) | [rʒɛmɛn] |

bolsa (f)	taška (ž)	[taʃka]
bolso (m)	kabelka (ž)	[kabɛlka]
mochila (f)	batoh (m)	[batox]

32. La ropa. Miscelánea

moda (f)	móda (ž)	[moːda]
de moda (adj)	módní	[moːdniː]
diseñador (m) de moda	modelář (m)	[modɛlaːrʃ]

cuello (m)	límec (m)	[liːmɛts]
bolsillo (m)	kapsa (ž)	[kapsa]
de bolsillo (adj)	kapesní	[kapɛsniː]
manga (f)	rukáv (m)	[rukaːf]
presilla (f)	poutko (s)	[poutko]
brageta (f)	poklopec (m)	[poklopɛts]

cremallera (f)	zip (m)	[zɪp]
cierre (m)	spona (ž)	[spona]
botón (m)	knoflík (m)	[knofliːk]
ojal (m)	knoflíková dírka (ž)	[knofliːkova diːrka]

T&P Books. Vocabulario Español-Checo - 5000 palabras más usadas

saltar (un botón)	utrhnout se	[utrhnout sɛ]
coser (vi, vt)	šít	[ʃi:t]
bordar (vt)	vyšívat	[vɪʃi:vat]
bordado (m)	výšivka (ž)	[vi:ʃɪfka]
aguja (f)	jehla (ž)	[jɛhla]
hilo (m)	nit (ž)	[nɪt]
costura (f)	šev (m)	[ʃɛf]
ensuciarse (vr)	ušpinit se	[uʃpɪnɪt sɛ]
mancha (f)	skvrna (ž)	[skvrna]
arrugarse (vr)	pomačkat se	[pomaʧkat sɛ]
rasgar (vt)	roztrhat	[roztrhat]
polilla (f)	mol (m)	[mol]

33. Productos personales. Cosméticos

pasta (f) de dientes	zubní pasta (ž)	[zubni: pasta]
cepillo (m) de dientes	kartáček (m) na zuby	[karta:ʧɛk na zubɪ]
limpiarse los dientes	čistit si zuby	[ʧɪstɪt sɪ zubɪ]
maquinilla (f) de afeitar	holicí strojek (m)	[holɪtsi: strojɛk]
crema (f) de afeitar	krém (m) na holení	[krɛ:m na holɛni:]
afeitarse (vr)	holit se	[holɪt sɛ]
jabón (m)	mýdlo (s)	[mi:dlo]
champú (m)	šampon (m)	[ʃampon]
tijeras (f pl)	nůžky (ž mn)	[nu:ʃkɪ]
lima (f) de uñas	pilník (m) na nehty	[pɪlni:k na nɛxtɪ]
cortaúñas (m pl)	kleštičky (ž mn) na nehty	[klɛʃtɪʧkɪ na nɛxtɪ]
pinzas (f pl)	pinzeta (ž)	[pɪnzeta]
cosméticos (m pl)	kosmetika (ž)	[kosmɛtɪka]
mascarilla (f)	kosmetická maska (ž)	[kosmɛtɪtska: maska]
manicura (f)	manikúra (ž)	[manɪku:ra]
hacer la manicura	dělat manikúru	[delat manɪku:ru]
pedicura (f)	pedikúra (ž)	[pɛdɪku:ra]
bolsa (f) de maquillaje	kosmetická kabelka (ž)	[kosmɛtɪtska: kabɛlka]
polvos (m pl)	pudr (m)	[pudr]
polvera (f)	pudřenka (ž)	[pudrʒɛŋka]
colorete (m), rubor (m)	červené líčidlo (s)	[ʧɛrvɛnɛ: li:ʧɪdlo]
perfume (m)	voňavka (ž)	[voniafka]
agua (f) de tocador	toaletní voda (ž)	[toalɛtni: voda]
loción (f)	pleťová voda (ž)	[plɛtiova: voda]
agua (f) de Colonia	kolínská voda (ž)	[koli:nska: voda]
sombra (f) de ojos	oční stíny (m mn)	[oʧni: sti:nɪ]
lápiz (m) de ojos	tužka (ž) na oči	[tuʃka na oʧɪ]
rímel (m)	řasenka (ž)	[rʒasɛŋka]
pintalabios (m)	rtěnka (ž)	[rtɛŋka]
esmalte (m) de uñas	lak (m) na nehty	[lak na nɛxtɪ]

| fijador (m) para el pelo | lak (m) na vlasy | [lak na vlasɪ] |
| desodorante (m) | deodorant (m) | [dɛodorant] |

crema (f)	krém (m)	[krɛ:m]
crema (f) de belleza	pleťový krém (m)	[plɛtʲovi: krɛ:m]
crema (f) de manos	krém (m) na ruce	[krɛ:m na rutsɛ]
crema (f) antiarrugas	krém (m) proti vráskám	[krɛ:m protɪ vra:ska:m]
de día (adj)	denní	[dɛnni:]
de noche (adj)	noční	[notʃni:]

tampón (m)	tampón (m)	[tampo:n]
papel (m) higiénico	toaletní papír (m)	[toalɛtni: papi:r]
secador (m) de pelo	fén (m)	[fɛ:n]

34. Los relojes

reloj (m)	hodinky (ž mn)	[hodɪŋkɪ]
esfera (f)	ciferník (m)	[tsɪfɛrni:k]
aguja (f)	ručička (ž)	[rutʃɪtʃka]
pulsera (f)	náramek (m)	[na:ramɛk]
correa (f) (del reloj)	pásek (m)	[pa:sɛk]

pila (f)	baterka (ž)	[batɛrka]
descargarse (vr)	vybít se	[vɪbi:t sɛ]
cambiar la pila	vyměnit baterku	[vɪmnenɪt batɛrku]
adelantarse (vr)	jít napřed	[ji:t naprʃɛt]
retrasarse (vr)	opožďovat se	[opoʒdʲovat sɛ]

reloj (m) de pared	nástěnné hodiny (ž mn)	[na:stennɛ: hodɪnɪ]
reloj (m) de arena	přesýpací hodiny (ž mn)	[prʃɛsi:patsi: hodɪnɪ]
reloj (m) de sol	sluneční hodiny (ž mn)	[slunɛtʃni: hodɪnɪ]
despertador (m)	budík (m)	[budi:k]
relojero (m)	hodinář (m)	[hodɪna:rʃ]
reparar (vt)	opravovat	[opravovat]

La comida y la nutrición

35. La comida

carne (f)	maso (s)	[maso]
gallina (f)	slepice (ž)	[slɛpɪtsɛ]
pollo (m)	kuře (s)	[kurʒɛ]
pato (m)	kachna (ž)	[kaxna]
ganso (m)	husa (ž)	[husa]
caza (f) menor	zvěřina (ž)	[zverʒɪna]
pava (f)	krůta (ž)	[kru:ta]

carne (f) de cerdo	vepřové (s)	[vɛprʃovɛ:]
carne (f) de ternera	telecí (s)	[tɛlɛtsi:]
carne (f) de carnero	skopové (s)	[skopovɛ:]
carne (f) de vaca	hovězí (s)	[hovezi:]
conejo (m)	králík (m)	[kra:li:k]

salchichón (m)	salám (m)	[sala:m]
salchicha (f)	párek (m)	[pa:rɛk]
beicon (m)	slanina (ž)	[slanɪna]
jamón (m)	šunka (ž)	[ʃuŋka]
jamón (m) fresco	kýta (ž)	[ki:ta]

paté (m)	paštika (ž)	[paʃtɪka]
hígado (m)	játra (s mn)	[ja:tra]
carne (f) picada	mleté maso (s)	[mlɛtɛ: maso]
lengua (f)	jazyk (m)	[jazɪk]

huevo (m)	vejce (s)	[vɛjtsɛ]
huevos (m pl)	vejce (s mn)	[vɛjtsɛ]
clara (f)	bílek (m)	[bi:lɛk]
yema (f)	žloutek (m)	[ʒloutɛk]

pescado (m)	ryby (ž mn)	[rɪbɪ]
mariscos (m pl)	mořské plody (m mn)	[morʃskɛ: plodɪ]
caviar (m)	kaviár (m)	[kavɪa:r]

cangrejo (m) de mar	krab (m)	[krap]
camarón (m)	kreveta (ž)	[krɛvɛta]
ostra (f)	ústřice (ž)	[u:strʃɪtsɛ]
langosta (f)	langusta (ž)	[langusta]
pulpo (m)	chobotnice (ž)	[xobotnɪtsɛ]
calamar (m)	sépie (ž)	[sɛ:pɪe]

esturión (m)	jeseter (m)	[jɛsɛtɛr]
salmón (m)	losos (m)	[losos]
fletán (m)	platýs (m)	[plati:s]
bacalao (m)	treska (ž)	[trɛska]
caballa (f)	makrela (ž)	[makrɛla]

| atún (m) | tuňák (m) | [tunʲaːk] |
| anguila (f) | úhoř (m) | [uːhorʃ] |

trucha (f)	pstruh (m)	[pstrux]
sardina (f)	sardinka (ž)	[sardɪŋka]
lucio (m)	štika (ž)	[ʃtɪka]
arenque (m)	sleď (ž)	[slɛtʲ]

pan (m)	chléb (m)	[xlɛːp]
queso (m)	sýr (m)	[siːr]
azúcar (m)	cukr (m)	[ʦukr]
sal (f)	sůl (ž)	[suːl]

arroz (m)	rýže (ž)	[riːʒe]
macarrones (m pl)	makaróny (m mn)	[makaroːnɪ]
tallarines (m pl)	nudle (ž mn)	[nudlɛ]

mantequilla (f)	máslo (s)	[maːslo]
aceite (m) vegetal	olej (m)	[olɛj]
aceite (m) de girasol	slunečnicový olej (m)	[slunɛtʃnɪtsovi: olɛj]
margarina (f)	margarín (m)	[margariːn]

| olivas, aceitunas (f pl) | olivy (ž) | [olɪvɪ] |
| aceite (m) de oliva | olivový olej (m) | [olɪvoviː olɛj] |

leche (f)	mléko (s)	[mlɛːko]
leche (f) condensada	kondenzované mléko (s)	[kondɛnzovanɛ: mlɛːko]
yogur (m)	jogurt (m)	[jogurt]
nata (f) agria	kyselá smetana (ž)	[kɪsɛla: smɛtana]
nata (f) líquida	sladká smetana (ž)	[slatka: smɛtana]

| mayonesa (f) | majonéza (ž) | [majonɛːza] |
| crema (f) de mantequilla | krém (m) | [krɛːm] |

cereales (m pl) integrales	kroupy (ž mn)	[kroupɪ]
harina (f)	mouka (ž)	[mouka]
conservas (f pl)	konzerva (ž)	[konzɛrva]

copos (m pl) de maíz	kukuřičné vločky (ž mn)	[kukurʒɪtʃnɛ: vlotʃkɪ]
miel (f)	med (m)	[mɛt]
confitura (f)	džem (m)	[dʒem]
chicle (m)	žvýkačka (ž)	[ʒviːkatʃka]

36. Las bebidas

agua (f)	voda (ž)	[voda]
agua (f) potable	pitná voda (ž)	[pɪtna: voda]
agua (f) mineral	minerální voda (ž)	[mɪnɛraːlni: voda]

sin gas	neperlivý	[nɛpɛrlɪviː]
gaseoso (adj)	perlivý	[pɛrlɪviː]
con gas	perlivý	[pɛrlɪviː]
hielo (m)	led (m)	[lɛt]
con hielo	s ledem	[s lɛdɛm]

sin alcohol	nealkoholický	[nɛalkoholɪtski:]
bebida (f) sin alcohol	nealkoholický nápoj (m)	[nɛalkoholɪtski: na:poj]
refresco (m)	osvěžující nápoj (m)	[osveʒuji:tsi: na:poj]
limonada (f)	limonáda (ž)	[lɪmona:da]

bebidas (f pl) alcohólicas	alkoholické nápoje (m mn)	[alkoholɪtskɛ: na:pojɛ]
vino (m)	víno (s)	[vi:no]
vino (m) blanco	bílé víno (s)	[bi:lɛ: vi:no]
vino (m) tinto	červené víno (s)	[tʃɛrvɛnɛ: vi:no]

licor (m)	likér (m)	[lɪkɛ:r]
champaña (f)	šampaňské (s)	[ʃampanˈskɛ:]
vermú (m)	vermut (m)	[vɛrmut]

whisky (m)	whisky (ž)	[vɪskɪ]
vodka (m)	vodka (ž)	[votka]
ginebra (f)	džin (m)	[dʒɪn]
coñac (m)	koňak (m)	[konˈak]
ron (m)	rum (m)	[rum]

café (m)	káva (ž)	[ka:va]
café (m) solo	černá káva (ž)	[tʃɛrna: ka:va]
café (m) con leche	bílá káva (ž)	[bi:la: ka:va]
capuchino (m)	kapučíno (s)	[kaputʃi:no]
café (m) soluble	rozpustná káva (ž)	[rozpustna: ka:va]

leche (f)	mléko (s)	[mlɛ:ko]
cóctel (m)	koktail (m)	[koktajl]
batido (m)	mléčný koktail (m)	[mlɛtʃni: koktajl]

zumo (m), jugo (m)	šťáva (ž), džus (m)	[ʃtˈa:va], [dʒus]
jugo (m) de tomate	rajčatová šťáva (ž)	[rajtʃatova: ʃtˈa:va]
zumo (m) de naranja	pomerančový džus (m)	[pomɛrantʃovi: dʒus]
zumo (m) fresco	vymačkaná šťáva (ž)	[vɪmatʃkana: ʃtˈa:va]

cerveza (f)	pivo (s)	[pɪvo]
cerveza (f) rubia	světlé pivo (s)	[svetlɛ: pɪvo]
cerveza (f) negra	tmavé pivo (s)	[tmavɛ: pɪvo]

té (m)	čaj (m)	[tʃaj]
té (m) negro	černý čaj (m)	[tʃɛrni: tʃaj]
té (m) verde	zelený čaj (m)	[zɛlɛni: tʃaj]

37. Las verduras

| legumbres (f pl) | zelenina (ž) | [zɛlɛnɪna] |
| verduras (f pl) | zelenina (ž) | [zɛlɛnɪna] |

tomate (m)	rajské jablíčko (s)	[rajskɛ: jabli:tʃko]
pepino (m)	okurka (ž)	[okurka]
zanahoria (f)	mrkev (ž)	[mrkɛf]
patata (f)	brambory (ž mn)	[bramborɪ]
cebolla (f)	cibule (ž)	[tsɪbulɛ]
ajo (m)	česnek (m)	[tʃɛsnɛk]

col (f)	zelí (s)	[zɛli:]
coliflor (f)	květák (m)	[kveta:k]
col (f) de Bruselas	růžičková kapusta (ž)	[ru:ʒɪʧkova: kapusta]
brócoli (m)	brokolice (ž)	[brokolɪtsɛ]

remolacha (f)	červená řepa (ž)	[ʧɛrvena: rʒɛpa]
berenjena (f)	lilek (m)	[lɪlɛk]
calabacín (m)	cukina, cuketa (ž)	[tsukɪna], [tsuketa]
calabaza (f)	tykev (ž)	[tɪkɛʃ]
nabo (m)	vodní řepa (ž)	[vodni: rʒɛpa]

perejil (m)	petržel (ž)	[pɛtrʒel]
eneldo (m)	kopr (m)	[kopr]
lechuga (f)	salát (m)	[sala:t]
apio (m)	celer (m)	[tsɛlɛr]
espárrago (m)	chřest (m)	[xrʃɛst]
espinaca (f)	špenát (m)	[ʃpɛna:t]

guisante (m)	hrách (m)	[hra:x]
habas (f pl)	boby (m mn)	[bobɪ]
maíz (m)	kukuřice (ž)	[kukurʒɪtsɛ]
fréjol (m)	fazole (ž)	[fazolɛ]

pimiento (m) dulce	pepř (m)	[pɛprʃ]
rábano (m)	ředkvička (ž)	[rʒɛtkvɪʧka]
alcachofa (f)	artyčok (m)	[artɪʧok]

38. Las frutas. Las nueces

fruto (m)	ovoce (s)	[ovotsɛ]
manzana (f)	jablko (s)	[jablko]
pera (f)	hruška (ž)	[hruʃka]
limón (m)	citrón (m)	[tsɪtro:n]
naranja (f)	pomeranč (m)	[pomɛranʧ]
fresa (f)	zahradní jahody (ž mn)	[zahradni: jahodɪ]

mandarina (f)	mandarinka (ž)	[mandarɪŋka]
ciruela (f)	švestka (ž)	[ʃvɛstka]
melocotón (m)	broskev (ž)	[broskɛʃ]
albaricoque (m)	meruňka (ž)	[mɛrunika]
frambuesa (f)	maliny (ž mn)	[malɪnɪ]
piña (f)	ananas (m)	[ananas]

banana (f)	banán (m)	[bana:n]
sandía (f)	vodní meloun (m)	[vodni: mɛloun]
uva (f)	hroznové víno (s)	[hroznovɛ: vi:no]
guinda (f)	višně (ž)	[vɪʃne]
cereza (f)	třešně (ž)	[trʃɛʃne]
melón (m)	cukrový meloun (m)	[tsukrovi: mɛloun]

pomelo (m)	grapefruit (m)	[grɛjpfru:t]
aguacate (m)	avokádo (s)	[avoka:do]
papaya (f)	papája (ž)	[papa:ja]
mango (m)	mango (s)	[mango]

granada (f)	granátové jablko (s)	[granaːtovɛ: jablko]
grosella (f) roja	červený rybíz (m)	[tʃɛrvɛni: rɪbiːz]
grosella (f) negra	černý rybíz (m)	[tʃɛrni: rɪbiːz]
grosella (f) espinosa	angrešt (m)	[angrɛʃt]
arándano (m)	borůvky (ž mn)	[boru:fkɪ]
zarzamoras (f pl)	ostružiny (ž mn)	[ostruʒɪnɪ]

pasas (f pl)	hrozinky (ž mn)	[hrozɪŋkɪ]
higo (m)	fík (m)	[fiːk]
dátil (m)	datle (ž)	[datlɛ]

cacahuete (m)	burský oříšek (m)	[burski: orʒiːʃɛk]
almendra (f)	mandle (ž)	[mandlɛ]
nuez (f)	vlašský ořech (m)	[vlaʃski: orʒɛx]
avellana (f)	lískový ořech (m)	[liːskovi: orʒɛx]
nuez (f) de coco	kokos (m)	[kokos]
pistachos (m pl)	pistácie (ž)	[pɪstaːtsɪe]

39. El pan. Los dulces

pasteles (m pl)	cukroví (s)	[tsukroviː]
pan (m)	chléb (m)	[xlɛːp]
galletas (f pl)	sušenky (ž mn)	[suʃɛŋkɪ]

chocolate (m)	čokoláda (ž)	[tʃokolaːda]
de chocolate (adj)	čokoládový	[tʃokolaːdoviː]
caramelo (m)	bonbón (m)	[bonboːn]
tarta (f) (pequeña)	zákusek (m)	[zaːkusɛk]
tarta (f) (~ de cumpleaños)	dort (m)	[dort]

| tarta (f) (~ de manzana) | koláč (m) | [kolaːtʃ] |
| relleno (m) | nádivka (ž) | [naːdɪfka] |

confitura (f)	zavařenina (ž)	[zavarʒɛnɪna]
mermelada (f)	marmeláda (ž)	[marmɛlaːda]
gofre (m)	oplatky (mn)	[oplatkɪ]
helado (m)	zmrzlina (ž)	[zmrzlɪna]

40. Los platos

plato (m)	jídlo (s)	[jiːdlo]
cocina (f)	kuchyně (ž)	[kuxɪnɛ]
receta (f)	recept (m)	[rɛtsɛpt]
porción (f)	porce (ž)	[portsɛ]

| ensalada (f) | salát (m) | [salaːt] |
| sopa (f) | polévka (ž) | [polɛːfka] |

caldo (m)	vývar (m)	[viːvar]
bocadillo (m)	obložený chlebíček (m)	[obloʒeni: xlɛbiːtʃɛk]
huevos (m pl) fritos	míchaná vejce (s mn)	[miːxana: vɛjtsɛ]
hamburguesa (f)	hamburger (m)	[hamburgɛr]

bistec (m)	biftek (m)	[bɪftɛk]
guarnición (f)	příloha (ž)	[prʃiːloha]
espagueti (m)	spagety (m mn)	[spagɛtɪ]
puré (m) de patatas	bramborová kaše (ž)	[bramborovaː kaʃɛ]
pizza (f)	pizza (ž)	[pɪtsa]
gachas (f pl)	kaše (ž)	[kaʃɛ]
tortilla (f) francesa	omeleta (ž)	[omɛlɛta]

cocido en agua (adj)	vařený	[varʒɛniː]
ahumado (adj)	uzený	[uzɛniː]
frito (adj)	smažený	[smaʒɛniː]
seco (adj)	sušený	[suʃɛniː]
congelado (adj)	zmražený	[zmraʒɛniː]
marinado (adj)	marinovaný	[marɪnovaniː]

azucarado, dulce (adj)	sladký	[slatkiː]
salado (adj)	slaný	[slaniː]
frío (adj)	studený	[studɛniː]
caliente (adj)	teplý	[tɛpliː]
amargo (adj)	hořký	[horʃkiː]
sabroso (adj)	chutný	[xutniː]

cocer en agua	vařit	[varʒɪt]
preparar (la cena)	vařit	[varʒɪt]
freír (vt)	smažit	[smaʒɪt]
calentar (vt)	ohřívat	[ohrʒiːvat]

salar (vt)	solit	[solɪt]
poner pimienta	pepřit	[pɛprʃɪt]
rallar (vt)	strouhat	[strouhat]
piel (f)	slupka (ž)	[slupka]
pelar (vt)	loupat	[loupat]

41. Las especias

sal (f)	sůl (ž)	[suːl]
salado (adj)	slaný	[slaniː]
salar (vt)	solit	[solɪt]

pimienta (f) negra	černý pepř (m)	[tʃɛrniː pɛprʃ]
pimienta (f) roja	červená paprika (ž)	[tʃɛrvɛnaː paprɪka]
mostaza (f)	hořčice (ž)	[horʃtʃɪtsɛ]
rábano (m) picante	křen (m)	[krʃɛn]

condimento (m)	ochucovadlo (s)	[oxutsovadlo]
especia (f)	koření (s)	[korʒɛniː]
salsa (f)	omáčka (ž)	[omaːtʃka]
vinagre (m)	ocet (m)	[otsɛt]

anís (m)	anýz (m)	[aniːz]
albahaca (f)	bazalka (ž)	[bazalka]
clavo (m)	hřebíček (m)	[hrʒɛbiːtʃɛk]
jengibre (m)	zázvor (m)	[zaːzvor]
cilantro (m)	koriandr (m)	[korɪandr]

canela (f)	skořice (ž)	[skorʒɪtsɛ]
sésamo (m)	sezam (m)	[sɛzam]
hoja (f) de laurel	bobkový list (m)	[bopkovi: lɪst]
paprika (f)	paprika (ž)	[paprɪka]
comino (m)	kmín (m)	[kmi:n]
azafrán (m)	šafrán (m)	[ʃafra:n]

42. Las comidas

| comida (f) | jídlo (s) | [ji:dlo] |
| comer (vi, vt) | jíst | [ji:st] |

desayuno (m)	snídaně (ž)	[sni:dane]
desayunar (vi)	snídat	[sni:dat]
almuerzo (m)	oběd (m)	[obet]
almorzar (vi)	obědvat	[obedvat]
cena (f)	večeře (ž)	[vɛtʃɛrʒɛ]
cenar (vi)	večeřet	[vɛtʃɛrʒɛt]

| apetito (m) | chuť (ž) k jídlu | [xutʲ k ji:dlu] |
| ¡Que aproveche! | Dobrou chuť! | [dobrou xutʲ] |

abrir (vt)	otvírat	[otvi:rat]
derramar (líquido)	rozlít	[rozli:t]
derramarse (líquido)	rozlít se	[rozli:t sɛ]
hervir (vi)	vřít	[vrʒi:t]
hervir (vt)	vařit	[varʒɪt]
hervido (agua ~a)	svařený	[svarʒɛni:]
enfriar (vt)	ochladit	[oxladɪt]
enfriarse (vr)	ochlazovat se	[oxlazovat sɛ]

| sabor (m) | chuť (ž) | [xutʲ] |
| regusto (m) | příchuť (ž) | [prʃi:xutʲ] |

adelgazar (vi)	držet dietu	[drʒet dɪetu]
dieta (f)	dieta (ž)	[dɪeta]
vitamina (f)	vitamín (m)	[vɪtami:n]
caloría (f)	kalorie (ž)	[kalorɪe]
vegetariano (m)	vegetarián (m)	[vɛɡɛtarɪa:n]
vegetariano (adj)	vegetariánský	[vɛɡɛtarɪa:nski:]

grasas (f pl)	tuky (m)	[tukɪ]
proteínas (f pl)	bílkoviny (ž)	[bi:lkovɪnɪ]
carbohidratos (m pl)	karbohydráty (mn)	[karbohɪdrati:]
loncha (f)	plátek (m)	[pla:tɛk]
pedazo (m)	kousek (m)	[kousɛk]
miga (f)	drobek (m)	[drobɛk]

43. Los cubiertos

| cuchara (f) | lžíce (ž) | [ʒi:tsɛ] |
| cuchillo (m) | nůž (m) | [nu:ʃ] |

tenedor (m)	vidlička (ž)	[vɪdlɪtʃka]
taza (f)	šálek (m)	[ʃaːlɛk]
plato (m)	talíř (m)	[taliːrʃ]
platillo (m)	talířek (m)	[taliːrʒɛk]
servilleta (f)	ubrousek (m)	[ubrousɛk]
mondadientes (m)	párátko (s)	[paːraːtko]

44. El restaurante

restaurante (m)	restaurace (ž)	[rɛstauratsɛ]
cafetería (f)	kavárna (ž)	[kavaːrna]
bar (m)	bar (m)	[bar]
salón (m) de té	čajovna (ž)	[tʃajovna]

camarero (m)	číšník (m)	[tʃiːʃniːk]
camarera (f)	číšnice (ž)	[tʃiːʃnɪtsɛ]
barman (m)	barman (m)	[barman]

carta (f), menú (m)	jídelní lístek (m)	[jiːdɛlniː liːstɛk]
carta (f) de vinos	nápojový lístek (m)	[naːpojoviː liːstɛk]
reservar una mesa	rezervovat stůl	[rɛzɛrvovat stuːl]

plato (m)	jídlo (s)	[jiːdlo]
pedir (vt)	objednat si	[objɛdnat sɪ]
hacer un pedido	objednat si	[objɛdnat sɪ]

aperitivo (m)	aperitiv (m)	[apɛrɪtɪf]
entremés (m)	předkrm (m)	[prʃɛtkrm]
postre (m)	desert (m)	[dɛsɛrt]

cuenta (f)	účet (m)	[uːtʃɛt]
pagar la cuenta	zaplatit účet	[zaplatɪt uːtʃɛt]
dar la vuelta	dát nazpátek	[daːt naspaːtɛk]
propina (f)	spropitné (s)	[spropɪtnɛː]

La familia nuclear, los parientes y los amigos

45. La información personal. Los formularios

nombre (m)	jméno (s)	[jmɛ:no]
apellido (m)	příjmení (s)	[prʃi:jmɛni:]
fecha (f) de nacimiento	datum (s) narození	[datum narozɛni:]
lugar (m) de nacimiento	místo (s) narození	[mi:sto narozɛni:]
nacionalidad (f)	národnost (ž)	[na:rodnost]
domicilio (m)	bydliště (s)	[bɪdlɪʃte]
país (m)	země (ž)	[zɛmnɛ]
profesión (f)	povolání (s)	[povola:ni:]
sexo (m)	pohlaví (s)	[pohlavi:]
estatura (f)	postava (ž)	[postava]
peso (m)	váha (ž)	[va:ha]

46. Los familiares. Los parientes

madre (f)	matka (ž)	[matka]
padre (m)	otec (m)	[otɛts]
hijo (m)	syn (m)	[sɪn]
hija (f)	dcera (ž)	[dtsɛra]
hija (f) menor	nejmladší dcera (ž)	[nɛjmladʃi: dtsɛra]
hijo (m) menor	nejmladší syn (m)	[nɛjmladʃi: sɪn]
hija (f) mayor	nejstarší dcera (ž)	[nɛjstarʃi: dtsɛra]
hijo (m) mayor	nejstarší syn (m)	[nɛjstarʃi: sɪn]
hermano (m)	bratr (m)	[bratr]
hermana (f)	sestra (ž)	[sɛstra]
primo (m)	bratranec (m)	[bratranɛts]
prima (f)	sestřenice (ž)	[sɛstrʃɛnɪtsɛ]
mamá (f)	maminka (ž)	[mamɪŋka]
papá (m)	táta (m)	[ta:ta]
padres (pl)	rodiče (m mn)	[rodɪtʃɛ]
niño -a (m, f)	dítě (s)	[di:te]
niños (pl)	děti (ž mn)	[detɪ]
abuela (f)	babička (ž)	[babɪtʃka]
abuelo (m)	dědeček (m)	[dedɛtʃɛk]
nieto (m)	vnuk (m)	[vnuk]
nieta (f)	vnučka (ž)	[vnutʃka]
nietos (pl)	vnuci (m mn)	[vnutsɪ]
tío (m)	strýc (m)	[stri:ts]
tía (f)	teta (ž)	[tɛta]

| sobrino (m) | synovec (m) | [sɪnovɛts] |
| sobrina (f) | neteř (ž) | [nɛtɛrʃ] |

suegra (f)	tchyně (ž)	[txɪne]
suegro (m)	tchán (m)	[txa:n]
yerno (m)	zeť (m)	[zɛtʲ]
madrastra (f)	nevlastní matka (ž)	[nɛvlastni: matka]
padrastro (m)	nevlastní otec (m)	[nɛvlastni: otɛts]

niño (m) de pecho	kojenec (m)	[kojɛnɛts]
bebé (m)	nemluvně (s)	[nɛmluvne]
chico (m)	děcko (s)	[detsko]

mujer (f)	žena (ž)	[ʒena]
marido (m)	muž (m)	[muʃ]
esposo (m)	manžel (m)	[manʒel]
esposa (f)	manželka (ž)	[manʒelka]

casado (adj)	ženatý	[ʒenati:]
casada (adj)	vdaná	[vdana:]
soltero (adj)	svobodný	[svobodni:]
soltero (m)	mládenec (m)	[mla:dɛnɛts]
divorciado (adj)	rozvedený	[rozvɛdɛni:]
viuda (f)	vdova (ž)	[vdova]
viudo (m)	vdovec (m)	[vdovɛts]

pariente (m)	příbuzný (m)	[prʃi:buzni:]
pariente (m) cercano	blízký příbuzný (m)	[bli:ski: prʃi:buzni:]
pariente (m) lejano	vzdálený příbuzný (m)	[vzda:lɛni: prʃi:buzni:]
parientes (pl)	příbuzenstvo (s)	[prʃi:buzɛnstvo]

huérfano (m), huérfana (f)	sirotek (m, ž)	[sɪrotɛk]
tutor (m)	poručník (m)	[porutʃni:k]
adoptar (un niño)	adoptovat	[adoptovat]
adoptar (una niña)	adoptovat dívku	[adoptovat difku]

La medicina

47. Las enfermedades

enfermedad (f)	nemoc (ž)	[nɛmots]
estar enfermo	být nemocný	[bi:t nɛmotsni:]
salud (f)	zdraví (s)	[zdravi:]
resfriado (m) (coriza)	rýma (ž)	[ri:ma]
angina (f)	angína (ž)	[angi:na]
resfriado (m)	nachlazení (s)	[naxlazɛni:]
resfriarse (vr)	nachladit se	[naxladɪt sɛ]
bronquitis (f)	bronchitida (ž)	[bronxɪti:da]
pulmonía (f)	zápal (m) plic	[za:pal plɪts]
gripe (f)	chřipka (ž)	[xrʃɪpka]
miope (adj)	krátkozraký	[kra:tkozraki:]
présbita (adj)	dalekozraký	[dalɛkozraki:]
estrabismo (m)	šilhavost (ž)	[ʃɪlhavost]
estrábico (m) (adj)	šilhavý	[ʃɪlhavi:]
catarata (f)	šedý zákal (m)	[ʃɛdi: za:kal]
glaucoma (m)	zelený zákal (m)	[zɛlɛni: za:kal]
insulto (m)	mozková mrtvice (ž)	[moskova: mrtvɪtsɛ]
ataque (m) cardiaco	infarkt (m)	[ɪnfarkt]
infarto (m) de miocardio	infarkt (m) myokardu	[ɪnfarkt mɪokardu]
parálisis (f)	obrna (ž)	[obrna]
paralizar (vt)	paralyzovat	[paralɪzovat]
alergia (f)	alergie (ž)	[alɛrgɪe]
asma (f)	astma (s)	[astma]
diabetes (f)	cukrovka (ž)	[tsukrofka]
dolor (m) de muelas	bolení (s) zubů	[bolɛni: zubu:]
caries (f)	zubní kaz (m)	[zubni: kaz]
diarrea (f)	průjem (m)	[pru:jɛm]
estreñimiento (m)	zácpa (ž)	[za:tspa]
molestia (f) estomacal	žaludeční potíže (ž mn)	[ʒaludɛtʃni: poti:ʒe]
envenenamiento (m)	otrava (ž)	[otrava]
envenenarse (vr)	otrávit se	[otra:vɪt sɛ]
artritis (f)	artritida (ž)	[artrɪtɪda]
raquitismo (m)	rachitida (ž)	[raxɪtɪda]
reumatismo (m)	revmatismus (m)	[rɛvmatɪzmus]
ateroesclerosis (f)	ateroskleróza (ž)	[atɛrosklɛro:za]
gastritis (f)	gastritida (ž)	[gastrɪtɪda]
apendicitis (f)	apendicitida (ž)	[apɛndɪtsɪtɪda]

| colecistitis (f) | zánět (m) žlučníku | [zaːnet ʒlutʃniːku] |
| úlcera (f) | vřed (m) | [vrʒɛt] |

sarampión (m)	spalničky (ž mn)	[spalnɪtʃkiː]
rubeola (f)	zarděnky (ž mn)	[zardeŋkɪ]
ictericia (f)	žloutenka (ž)	[ʒloutɛŋka]
hepatitis (f)	hepatitida (ž)	[hɛpatɪtɪda]

esquizofrenia (f)	schizofrenie (ž)	[sxɪzofrɛnɪe]
rabia (f) (hidrofobia)	vzteklina (ž)	[vstɛklɪna]
neurosis (f)	neuróza (ž)	[nɛuroːza]
conmoción (f) cerebral	otřes (m) mozku	[otrʃɛs mosku]

cáncer (m)	rakovina (ž)	[rakovɪna]
esclerosis (f)	skleróza (ž)	[sklɛroːza]
esclerosis (m) múltiple	roztroušená skleróza (ž)	[roztrouʃɛnaː sklɛroːza]

alcoholismo (m)	alkoholismus (m)	[alkoholɪzmus]
alcohólico (m)	alkoholik (m)	[alkoholɪk]
sífilis (f)	syfilida (ž)	[sɪfɪlɪda]
SIDA (m)	AIDS (m)	[ajts]

tumor (m)	nádor (m)	[naːdor]
maligno (adj)	zhoubný	[zhoubniː]
benigno (adj)	nezhoubný	[nɛzhoubniː]

fiebre (f)	zimnice (ž)	[zɪmnɪtsɛ]
malaria (f)	malárie (ž)	[malaːrɪe]
gangrena (f)	gangréna (ž)	[gangrɛːna]
mareo (m)	mořská nemoc (ž)	[morʃska: nɛmots]
epilepsia (f)	padoucnice (ž)	[padoutsnɪtsɛ]

epidemia (f)	epidemie (ž)	[ɛpɪdɛmɪe]
tifus (m)	tyf (m)	[tɪf]
tuberculosis (f)	tuberkulóza (ž)	[tubɛrkuloːza]
cólera (f)	cholera (ž)	[xolɛra]
peste (f)	mor (m)	[mor]

48. Los síntomas. Los tratamientos. Unidad 1

síntoma (m)	příznak (m)	[prʃiːznak]
temperatura (f)	teplota (ž)	[tɛplota]
fiebre (f)	vysoká teplota (ž)	[vɪsoka: tɛplota]
pulso (m)	tep (m)	[tɛp]

mareo (m) (vértigo)	závrať (ž)	[zaːvratʲ]
caliente (adj)	horký	[horkiː]
escalofrío (m)	mrazení (s)	[mrazɛniː]
pálido (adj)	bledý	[blɛdiː]

tos (f)	kašel (m)	[kaʃɛl]
toser (vi)	kašlat	[kaʃlat]
estornudar (vi)	kýchat	[kiːxat]
desmayo (m)	mdloby (ž mn)	[mdlobɪ]

desmayarse (vr)	upadnout do mdlob	[upadnout do mdlop]
moradura (f)	modřina (ž)	[modrʒɪna]
chichón (m)	boule (ž)	[boulɛ]
golpearse (vr)	uhodit se	[uhodɪt sɛ]
magulladura (f)	pohmožděnina (ž)	[pohmoʒdenɪna]
magullarse (vr)	uhodit se	[uhodɪt sɛ]
cojear (vi)	kulhat	[kulhat]
dislocación (f)	vykloubení (s)	[vɪkloubɛni:]
dislocar (vt)	vykloubit	[vɪkloubɪt]
fractura (f)	zlomenina (ž)	[zlomɛnɪna]
tener una fractura	dostat zlomeninu	[dostat zlomɛnɪnu]
corte (m) (tajo)	říznutí (s)	[rʒi:znuti:]
cortarse (vr)	říznout se	[rʒi:znout sɛ]
hemorragia (f)	krvácení (s)	[krva:tsɛni:]
quemadura (f)	popálenina (ž)	[popa:lɛnɪna]
quemarse (vr)	spálit se	[spa:lɪt sɛ]
pincharse (~ el dedo)	píchnout	[pi:xnout]
pincharse (vr)	píchnout se	[pi:xnout sɛ]
herir (vt)	pohmoždit	[pohmoʒdɪt]
herida (f)	pohmoždění (s)	[pohmoʒdeni:]
lesión (f) (herida)	rána (ž)	[ra:na]
trauma (m)	úraz (m)	[u:raz]
delirar (vi)	blouznit	[blouznɪt]
tartamudear (vi)	zajíkat se	[zaji:kat sɛ]
insolación (f)	úpal (m)	[u:pal]

49. Los síntomas. Los tratamientos. Unidad 2

dolor (m)	bolest (ž)	[bolɛst]
astilla (f)	tříska (ž)	[trʃi:ska]
sudor (m)	pot (m)	[pot]
sudar (vi)	potit se	[potɪt sɛ]
vómito (m)	zvracení (s)	[zvratsɛni:]
convulsiones (f pl)	křeče (ž mn)	[krʃɛtʃɛ]
embarazada (adj)	těhotná	[tehotna:]
nacer (vi)	narodit se	[narodɪt sɛ]
parto (m)	porod (m)	[porot]
dar a luz	rodit	[rodɪt]
aborto (m)	umělý potrat (m)	[umneli: potrat]
respiración (f)	dýchání (s)	[di:xa:ni:]
inspiración (f)	vdech (m)	[vdɛx]
espiración (f)	výdech (m)	[vi:dɛx]
espirar (vi)	vydechnout	[vɪdɛxnout]
inspirar (vi)	nadechnout se	[nadɛxnout sɛ]
inválido (m)	invalida (m)	[ɪnvalɪda]
mutilado (m)	mrzák (m)	[mrza:k]

Español	Checo	Pronunciación
drogadicto (m)	narkoman (m)	[narkoman]
sordo (adj)	hluchý	[hluxi:]
mudo (adj)	němý	[nemi:]
loco (adj)	šílený	[ʃi:lɛni:]
loco (m)	šílenec (m)	[ʃi:lɛnɛts]
loca (f)	šílenec (ž)	[ʃi:lɛnɛts]
volverse loco	zešílet	[zɛʃi:lɛt]
gen (m)	gen (m)	[gɛn]
inmunidad (f)	imunita (ž)	[ɪmunɪta]
hereditario (adj)	dědičný	[dedɪtʃni:]
de nacimiento (adj)	vrozený	[vrozɛni:]
virus (m)	virus (m)	[vɪrus]
microbio (m)	mikrob (m)	[mɪkrop]
bacteria (f)	baktérie (ž)	[baktɛ:rɪe]
infección (f)	infekce (ž)	[ɪnfɛktsɛ]

50. Los síntomas. Los tratamientos. Unidad 3

Español	Checo	Pronunciación
hospital (m)	nemocnice (ž)	[nɛmotsnɪtsɛ]
paciente (m)	pacient (m)	[patsɪent]
diagnosis (f)	diagnóza (ž)	[dɪagno:za]
cura (f)	léčení (s)	[lɛ:tʃɛni:]
tratamiento (m)	léčba (ž)	[lɛ:tʃba]
curarse (vr)	léčit se	[lɛ:tʃɪt sɛ]
tratar (vt)	léčit	[lɛ:tʃɪt]
cuidar (a un enfermo)	ošetřovat	[oʃɛtrʃovat]
cuidados (m pl)	ošetřování (s)	[oʃɛtrʃova:ni:]
operación (f)	operace (ž)	[opɛratsɛ]
vendar (vt)	obvázat	[obva:zat]
vendaje (m)	obvazování (s)	[obvazova:ni:]
vacunación (f)	očkování (s)	[otʃkova:ni:]
vacunar (vt)	dělat očkování	[delat otʃkova:ni:]
inyección (f)	injekce (ž)	[ɪnjɛktsɛ]
aplicar una inyección	dávat injekci	[da:vat ɪnjɛktsɪ]
ataque (m)	záchvat (m)	[za:xvat]
amputación (f)	amputace (ž)	[amputatsɛ]
amputar (vt)	amputovat	[amputovat]
coma (m)	kóma (s)	[ko:ma]
estar en coma	být v kómatu	[bi:t v ko:matu]
revitalización (f)	reanimace (ž)	[rɛanɪmatsɛ]
recuperarse (vr)	uzdravovat se	[uzdravovat sɛ]
estado (m) (de salud)	stav (m)	[staf]
consciencia (f)	vědomí (s)	[vedomi:]
memoria (f)	paměť (ž)	[pamnetʲ]
extraer (un diente)	trhat	[trhat]
empaste (m)	plomba (ž)	[plomba]

empastar (vt)	plombovat	[plombovat]
hipnosis (f)	hypnóza (ž)	[hɪpnoːza]
hipnotizar (vt)	hypnotizovat	[hɪpnotɪzovat]

51. Los médicos

médico (m)	lékař (m)	[lɛːkarʃ]
enfermera (f)	zdravotní sestra (ž)	[zdravotní: sɛstra]
médico (m) personal	osobní lékař (m)	[osobni: lɛːkarʃ]

dentista (m)	zubař (m)	[zubarʃ]
oftalmólogo (m)	oční lékař (m)	[otʃni: lɛːkarʃ]
internista (m)	internista (m)	[ɪntɛrnɪsta]
cirujano (m)	chirurg (m)	[xɪrurg]

psiquiatra (m)	psychiatr (m)	[psɪxɪatr]
pediatra (m)	pediatr (m)	[pɛdɪatr]
psicólogo (m)	psycholog (m)	[psɪxolog]
ginecólogo (m)	gynekolog (m)	[gɪnɛkolog]
cardiólogo (m)	kardiolog (m)	[kardɪolog]

52. La medicina. Las drogas. Los accesorios

medicamento (m), droga (f)	lék (m)	[lɛːk]
remedio (m)	prostředek (m)	[prostrʃɛdɛk]
prescribir (vt)	předepsat	[prʒɛdɛpsat]
receta (f)	recept (m)	[rɛtsɛpt]

tableta (f)	tableta (ž)	[tablɛta]
ungüento (m)	mast (ž)	[mast]
ampolla (f)	ampule (ž)	[ampulɛ]
mixtura (f), mezcla (f)	mixtura (ž)	[mɪkstura]
sirope (m)	sirup (m)	[sɪrup]
píldora (f)	pilulka (ž)	[pɪlulka]
polvo (m)	prášek (m)	[praːʃɛk]

venda (f)	obvaz (m)	[obvaz]
algodón (m) (discos de ~)	vata (ž)	[vata]
yodo (m)	jód (m)	[joːt]
tirita (f), curita (f)	leukoplast (m)	[lɛukoplast]
pipeta (f)	pipeta (ž)	[pɪpɛta]
termómetro (m)	teploměr (m)	[tɛplomner]
jeringa (f)	injekční stříkačka (ž)	[ɪnjɛktʃni: strʃiːkatʃka]

| silla (f) de ruedas | vozík (m) | [voziːk] |
| muletas (f pl) | berle (ž mn) | [bɛrlɛ] |

anestésico (m)	anestetikum (s)	[anɛstɛtɪkum]
purgante (m)	projímadlo (s)	[projiːmadlo]
alcohol (m)	líh (m)	[liːx]
hierba (f) medicinal	bylina (ž)	[bɪlɪna]
de hierbas (té ~)	bylinný	[bɪlɪnniː]

EL AMBIENTE HUMANO

La ciudad

53. La ciudad. La vida en la ciudad

ciudad (f)	město (s)	[mnesto]
capital (f)	hlavní město (s)	[hlavni: mnesto]
aldea (f)	venkov (m)	[vɛŋkof]
plano (m) de la ciudad	plán (m) města	[pla:n mnesta]
centro (m) de la ciudad	střed (m) města	[strʃɛd mnesta]
suburbio (m)	předměstí (s)	[prʃɛdmnesti:]
suburbano (adj)	předměstský	[prʃɛdmnestski:]
arrabal (m)	okraj (m)	[okraj]
afueras (f pl)	okolí (s)	[okoli:]
barrio (m)	čtvrť (ž)	[tʃtvrtʲ]
zona (f) de viviendas	obytná čtvrť (ž)	[obɪtna: tʃtvrtʲ]
tráfico (m)	provoz (m)	[provoz]
semáforo (m)	semafor (m)	[sɛmafor]
transporte (m) urbano	městská doprava (ž)	[mnestska: doprava]
cruce (m)	křižovatka (ž)	[krʃɪʒovatka]
paso (m) de peatones	přechod (m)	[prʃɛxot]
paso (m) subterráneo	podchod (m)	[podxot]
cruzar (vt)	přecházet	[prʃɛxa:zɛt]
peatón (m)	chodec (m)	[xodɛts]
acera (f)	chodník (m)	[xodni:k]
puente (m)	most (m)	[most]
muelle (m)	nábřeží (s)	[na:brʒɛʒi:]
fuente (f)	fontána (ž)	[fonta:na]
alameda (f)	alej (ž)	[alɛj]
parque (m)	park (m)	[park]
bulevar (m)	bulvár (m)	[bulva:r]
plaza (f)	náměstí (s)	[na:mnesti:]
avenida (f)	třída (ž)	[trʃi:da]
calle (f)	ulice (ž)	[ulɪtsɛ]
callejón (m)	boční ulice (ž)	[botʃni: ulɪtsɛ]
callejón (m) sin salida	slepá ulice (ž)	[slɛpa: ulɪtsɛ]
casa (f)	dům (m)	[du:m]
edificio (m)	budova (ž)	[budova]
rascacielos (m)	mrakodrap (m)	[mrakodrap]
fachada (f)	fasáda (ž)	[fasa:da]
techo (m)	střecha (ž)	[strʃɛxa]

ventana (f)	okno (s)	[okno]
arco (m)	oblouk (m)	[oblouk]
columna (f)	sloup (m)	[sloup]
esquina (f)	roh (m)	[rox]

escaparate (f)	výloha (ž)	[vi:loha]
letrero (m) (~ luminoso)	vývěsní tabule (ž)	[vi:vesni: tabulɛ]
cartel (m)	plakát (m)	[plaka:t]
cartel (m) publicitario	reklamní plakát (m)	[rɛklamni: plaka:t]
valla (f) publicitaria	billboard (m)	[bɪlbo:rt]

basura (f)	odpadky (m mn)	[otpatki:]
cajón (m) de basura	popelnice (ž)	[popɛlnɪtsɛ]
tirar basura	dělat smetí	[delat smɛti:]
basurero (m)	smetiště (s)	[smɛtɪʃte]

cabina (f) telefónica	telefonní budka (ž)	[tɛlɛfonni: butka]
farola (f)	pouliční svítilna (ž)	[poulɪtʃni: svi:tɪlna]
banco (m) (del parque)	lavička (ž)	[lavɪtʃka]

policía (m)	policista (m)	[polɪtsɪsta]
policía (f) (~ nacional)	policie (ž)	[polɪtsɪe]
mendigo (m)	žebrák (m)	[ʒebra:k]
persona (f) sin hogar	bezdomovec (m)	[bɛzdomovɛts]

54. Las instituciones urbanas

tienda (f)	obchod (m)	[obxot]
farmacia (f)	lékárna (ž)	[lɛ:ka:rna]
óptica (f)	oční optika (ž)	[otʃni: optɪka]
centro (m) comercial	obchodní středisko (s)	[obxodni: strʃɛdɪsko]
supermercado (m)	supermarket (m)	[supɛrmarket]

panadería (f)	pekařství (s)	[pɛkarʃstvi:]
panadero (m)	pekař (m)	[pɛkarʃ]
pastelería (f)	cukrárna (ž)	[tsukra:rna]
tienda (f) de comestibles	smíšené zboží (s)	[smiʃɛnɛ: zboʒi:]
carnicería (f)	řeznictví (s)	[rʒɛznɪtstvi:]

verdulería (f)	zelinářství (s)	[zɛlɪna:rʃstvi:]
mercado (m)	tržnice (ž)	[trʒnɪtsɛ]

cafetería (f)	kavárna (ž)	[kava:rna]
restaurante (m)	restaurace (ž)	[rɛstauratsɛ]
cervecería (f)	pivnice (ž)	[pɪvnɪtsɛ]
pizzería (f)	pizzerie (ž)	[pɪtsɛrɪe]

peluquería (f)	holičství (s) a kadeřnictví	[holɪtʃstvi: a kadɛrʒnɪtstvi:]
oficina (f) de correos	pošta (ž)	[poʃta]
tintorería (f)	čistírna (ž)	[tʃɪsti:rna]
estudio (m) fotográfico	fotografický ateliér (m)	[fotografɪtski: atɛlɪe:r]

zapatería (f)	obchod (m) s obuví	[obxot s obuvi:]
librería (f)	knihkupectví (s)	[knɪxkupɛtstvi:]

tienda (f) deportiva | sportovní potřeby (ž mn) | [sportovni: potrʃɛbɪ]
arreglos (m pl) de ropa | opravna (ž) oděvů | [opravna odevu:]
alquiler (m) de ropa | půjčovna (ž) oděvů | [pu:jtʃovna odevu:]
videoclub (m) | půjčovna (ž) filmů | [pu:jtʃovna fɪlmu:]

circo (m) | cirkus (m) | [tsɪrkus]
zoológico (m) | zoologická zahrada (ž) | [zoologɪtska: zahrada]
cine (m) | biograf (m) | [bɪograf]
museo (m) | muzeum (s) | [muzɛum]
biblioteca (f) | knihovna (ž) | [knɪhovna]

teatro (m) | divadlo (s) | [dɪvadlo]
ópera (f) | opera (ž) | [opɛra]
club (m) nocturno | noční klub (m) | [notʃni: klup]
casino (m) | kasino (s) | [kasi:no]

mezquita (f) | mešita (ž) | [mɛʃɪta]
sinagoga (f) | synagóga (ž) | [sinago:ga]
catedral (f) | katedrála (ž) | [katɛdra:la]
templo (m) | chrám (m) | [xra:m]
iglesia (f) | kostel (m) | [kostɛl]

instituto (m) | vysoká škola (ž) | [vɪsoka: ʃkola]
universidad (f) | univerzita (ž) | [unɪvɛrzɪta]
escuela (f) | škola (ž) | [ʃkola]

prefectura (f) | prefektura (ž) | [prɛfɛktura]
alcaldía (f) | magistrát (m) | [magɪstra:t]
hotel (m) | hotel (m) | [hotɛl]
banco (m) | banka (ž) | [baŋka]

embajada (f) | velvyslanectví (s) | [vɛlvɪslanɛtstvi:]
agencia (f) de viajes | cestovní kancelář (ž) | [tsɛstovni: kantsɛla:rʃ]
oficina (f) de información | informační kancelář (ž) | [ɪnformatʃni: kantsɛla:rʃ]
oficina (f) de cambio | směnárna (ž) | [smnena:rna]

metro (m) | metro (s) | [mɛtro]
hospital (m) | nemocnice (ž) | [nɛmotsnɪtsɛ]

gasolinera (f) | benzínová stanice (ž) | [bɛnzi:nova: stanɪtsɛ]
aparcamiento (m) | parkoviště (s) | [parkovɪʃte]

55. Los avisos

letrero (m) (~ luminoso) | ukazatel (m) směru | [ukazatɛl smneru]
cartel (m) (texto escrito) | nápis (m) | [na:pɪs]
pancarta (f) | plakát (m) | [plaka:t]
señal (m) de dirección | ukazatel (m) | [ukazatɛl]
flecha (f) (signo) | šípka (ž) | [ʃi:pka]

advertencia (f) | varování (s) | [varova:ni:]
aviso (m) | výstraha (ž) | [vi:straha]
advertir (vt) | upozorňovat | [upozorɲovat]
día (m) de descanso | volný den (m) | [volni: dɛn]

horario (m)	jízdní řád (m)	[jiːzdni: rʒaːt]
horario (m) de apertura	pracovní doba (ž)	[pratsovni: doba]
¡BIENVENIDOS!	VÍTEJTE!	[viːtɛjtɛ]
ENTRADA	VCHOD	[vxot]
SALIDA	VÝCHOD	[viːxot]
EMPUJAR	TAM	[tam]
TIRAR	SEM	[sɛm]
ABIERTO	OTEVŘENO	[otɛvrʒɛno]
CERRADO	ZAVŘENO	[zavrʒɛno]
MUJERES	ŽENY	[ʒenɪ]
HOMBRES	MUŽI	[muʒɪ]
REBAJAS	SLEVY	[slɛvɪ]
SALDOS	VÝPRODEJ	[viːprodɛj]
NOVEDAD	NOVINKA!	[novɪŋka]
GRATIS	ZDARMA	[zdarma]
¡ATENCIÓN!	POZOR!	[pozor]
COMPLETO	VOLNÁ MÍSTA NEJSOU	[volna: miːsta nɛjsou]
RESERVADO	ZADÁNO	[zadaːno]
ADMINISTRACIÓN	KANCELÁŘ	[kantsɛlaːrʒ]
SÓLO PERSONAL AUTORIZADO	POUZE PRO PERSONÁL	[pouzɛ pro pɛrsonaːl]
CUIDADO CON EL PERRO	POZOR! ZLÝ PES	[pozor zli: pɛs]
PROHIBIDO FUMAR	ZÁKAZ KOUŘENÍ	[zaːkaz kourʒɛni:]
NO TOCAR	NEDOTÝKEJTE SE!	[nɛdotiːkɛjtɛ sɛ]
PELIGROSO	NEBEZPEČNÉ	[nɛbɛzpɛtʃnɛ:]
PELIGRO	NEBEZPEČÍ	[nɛbɛzpɛtʃi:]
ALTA TENSIÓN	VYSOKÉ NAPĚTÍ	[vɪsokɛ: napeti:]
PROHIBIDO BAÑARSE	KOUPÁNÍ ZAKÁZÁNO	[koupaːni: zaka:za:no]
NO FUNCIONA	MIMO PROVOZ	[mɪmo provoz]
INFLAMABLE	VYSOCE HOŘLAVÝ	[vɪsotsɛ horʒlavi:]
PROHIBIDO	ZÁKAZ	[za:kaz]
PROHIBIDO EL PASO	PRŮCHOD ZAKÁZÁN	[pru:xot zaka:za:n]
RECIÉN PINTADO	ČERSTVĚ NATŘENO	[tʃɛrstvɛ natrʃɛno]

56. El transporte urbano

autobús (m)	autobus (m)	[autobus]
tranvía (m)	tramvaj (ž)	[tramvaj]
trolebús (m)	trolejbus (m)	[trolɛjbus]
itinerario (m)	trasa (ž)	[trasa]
número (m)	číslo (s)	[tʃi:slo]
ir en …	jet	[jɛt]
tomar (~ el autobús)	nastoupit do …	[nastoupɪt do]
bajar (~ del tren)	vystoupit z …	[vɪstoupɪt z]

parada (f)	zastávka (ž)	[zastaːfka]
próxima parada (f)	příští zastávka (ž)	[prʃiːʃti zastaːfka]
parada (f) final	konečná stanice (ž)	[konɛtʃnaː stanɪtsɛ]
horario (m)	jízdní řád (m)	[jiːzdniː rʒaːt]
esperar (aguardar)	čekat	[tʃɛkat]

| billete (m) | jízdenka (ž) | [jiːzdɛŋka] |
| precio (m) del billete | jízdné (s) | [jiːzdnɛː] |

cajero (m)	pokladník (m)	[pokladniːk]
control (m) de billetes	kontrola (ž)	[kontrola]
revisor (m)	revizor (m)	[rɛvɪzor]

llegar tarde (vi)	mít zpoždění	[miːt spoʒdɛniː]
perder (~ el tren)	opozdit se	[opozdɪt sɛ]
tener prisa	pospíchat	[pospiːxat]

taxi (m)	taxík (m)	[taksiːk]
taxista (m)	taxikář (m)	[taksɪkaːrʃ]
en taxi	taxíkem	[taksiːkɛm]
parada (f) de taxi	stanoviště (s) taxíků	[stanovɪʃte taksiːkuː]
llamar un taxi	zavolat taxíka	[zavolat taksiːka]
tomar un taxi	vzít taxíka	[vziːt taksiːka]

tráfico (m)	uliční provoz (m)	[ulɪtʃniː provoz]
atasco (m)	zácpa (ž)	[zaːtspa]
horas (f pl) de punta	špička (ž)	[ʃpɪtʃka]
aparcar (vi)	parkovat se	[parkovat sɛ]
aparcar (vt)	parkovat	[parkovat]
aparcamiento (m)	parkoviště (s)	[parkovɪʃte]

metro (m)	metro (s)	[mɛtro]
estación (f)	stanice (ž)	[stanɪtsɛ]
ir en el metro	jet metrem	[jɛt mɛtrɛm]
tren (m)	vlak (m)	[vlak]
estación (f)	nádraží (s)	[naːdraʒiː]

57. El turismo. La excursión

monumento (m)	památka (ž)	[pamaːtka]
fortaleza (f)	pevnost (ž)	[pɛvnost]
palacio (m)	palác (m)	[palaːts]
castillo (m)	zámek (m)	[zaːmɛk]
torre (f)	věž (ž)	[vɛʃ]
mausoleo (m)	mauzoleum (s)	[mauzolɛum]

arquitectura (f)	architektura (ž)	[arxɪtɛktura]
medieval (adj)	středověký	[strʃɛdovekiː]
antiguo (adj)	starobylý	[starobɪliː]
nacional (adj)	národní	[naːrodniː]
conocido (adj)	známý	[znaːmiː]

| turista (m) | turista (m) | [turɪsta] |
| guía (m) (persona) | průvodce (m) | [pruːvodtsɛ] |

excursión (f)	výlet (m)	[vi:lɛt]
mostrar (vt)	ukazovat	[ukazovat]
contar (una historia)	povídat	[povi:dat]
encontrar (hallar)	najít	[naji:t]
perderse (vr)	ztratit se	[stratɪtsɛ]
plano (m) (~ de metro)	plán (m)	[pla:n]
mapa (m) (~ de la ciudad)	plán (m)	[pla:n]
recuerdo (m)	suvenýr (m)	[suvɛni:r]
tienda (f) de regalos	prodejna (ž) suvenýrů	[prodɛjna suvɛni:ru:]
hacer fotos	fotografovat	[fotografovat]
fotografiarse (vr)	fotografovat se	[fotografovat sɛ]

58. Las compras

comprar (vt)	kupovat	[kupovat]
compra (f)	nákup (m)	[na:kup]
hacer compras	dělat nákupy	[delat na:kupɪ]
compras (f pl)	nakupování (s)	[nakupova:ni:]
estar abierto (tienda)	být otevřen	[bi:t otɛvrʒɛn]
estar cerrado	být zavřen	[bi:t zavrʒɛn]
calzado (m)	obuv (ž)	[obuʃ]
ropa (f)	oblečení (s)	[oblɛtʃɛni:]
cosméticos (m pl)	kosmetika (ž)	[kosmɛtɪka]
productos alimenticios	potraviny (ž mn)	[potravɪnɪ]
regalo (m)	dárek (m)	[da:rɛk]
vendedor (m)	prodavač (m)	[prodavatʃ]
vendedora (f)	prodavačka (ž)	[prodavatʃka]
caja (f)	pokladna (ž)	[pokladna]
espejo (m)	zrcadlo (s)	[zrtsadlo]
mostrador (m)	pult (m)	[pult]
probador (m)	zkušební kabinka (ž)	[skuʃɛbni: kabɪŋka]
probar (un vestido)	zkusit	[skusɪt]
quedar (una ropa, etc.)	hodit se	[hodɪt sɛ]
gustar (vi)	líbit se	[li:bɪt sɛ]
precio (m)	cena (ž)	[tsɛna]
etiqueta (f) de precio	cenovka (ž)	[tsɛnofka]
costar (vt)	stát	[sta:t]
¿Cuánto?	Kolik?	[kolɪk]
descuento (m)	sleva (ž)	[slɛva]
no costoso (adj)	levný	[lɛvni:]
barato (adj)	levný	[lɛvni:]
caro (adj)	drahý	[drahi:]
Es caro	To je drahé	[to jɛ drahɛ:]
alquiler (m)	půjčování (s)	[pu:jtʃova:ni:]
alquilar (vt)	vypůjčit si	[vɪpu:jtʃɪt sɪ]

crédito (m)   úvěr (m)   [u:ver]
a crédito (adv)   na splátky   [na spla:tkɪ]

59. El dinero

dinero (m)	peníze (m mn)	[pɛni:zɛ]
cambio (m)	výměna (ž)	[vi:mnena]
curso (m)	kurz (m)	[kurs]
cajero (m) automático	bankomat (m)	[baŋkomat]
moneda (f)	mince (ž)	[mɪntsɛ]

dólar (m)	dolar (m)	[dolar]
euro (m)	euro (s)	[ɛuro]

lira (f)	lira (ž)	[lɪra]
marco (m) alemán	marka (ž)	[marka]
franco (m)	frank (m)	[fraŋk]
libra esterlina (f)	libra (ž) šterlinků	[lɪbra ʃtɛrlɪŋku:]
yen (m)	jen (m)	[jɛn]

deuda (f)	dluh (m)	[dlux]
deudor (m)	dlužník (m)	[dluʒni:k]
prestar (vt)	půjčit	[pu:jtʃɪt]
tomar prestado	půjčit si	[pu:jtʃɪt sɪ]

banco (m)	banka (ž)	[baŋka]
cuenta (f)	účet (m)	[u:tʃɛt]
ingresar en la cuenta	uložit na účet	[uloʒɪt na u:tʃɛt]
sacar de la cuenta	vybrat z účtu	[vɪbrat s u:tʃtu]

tarjeta (f) de crédito	kreditní karta (ž)	[krɛdɪtni: karta]
dinero (m) en efectivo	hotové peníze (m mn)	[hotovɛ: pɛni:zɛ]
cheque (m)	šek (m)	[ʃɛk]
sacar un cheque	vystavit šek	[vɪstavɪt ʃɛk]
talonario (m)	šeková knížka (ž)	[ʃɛkova: kni:ʃka]

cartera (f)	náprsní taška (ž)	[na:prsni: taʃka]
monedero (m)	peněženka (ž)	[pɛneʒeŋka]
caja (f) fuerte	trezor (m)	[trɛzor]

heredero (m)	dědic (m)	[dedɪts]
herencia (f)	dědictví (s)	[dedɪtstvi:]
fortuna (f)	majetek (m)	[majɛtɛk]

arriendo (m)	nájem (m)	[na:jɛm]
alquiler (m) (dinero)	činže (ž)	[tʃɪnʒe]
alquilar (~ una casa)	pronajímat si	[pronaji:mat sɪ]

precio (m)	cena (ž)	[tsɛna]
coste (m)	cena (ž)	[tsɛna]
suma (f)	částka (ž)	[tʃa:stka]

gastar (vt)	utrácet	[utra:tsɛt]
gastos (m pl)	náklady (m mn)	[na:kladɪ]

economizar (vi, vt)	šetřit	[ʃɛtrʃɪt]
económico (adj)	úsporný	[uːsporniː]
pagar (vi, vt)	platit	[platɪt]
pago (m)	platba (ž)	[platba]
cambio (m) (devolver el ~)	peníze (m mn) nazpět	[pɛniːzɛ naspet]
impuesto (m)	daň (ž)	[danʲ]
multa (f)	pokuta (ž)	[pokuta]
multar (vt)	pokutovat	[pokutovat]

60. La oficina de correos

oficina (f) de correos	pošta (ž)	[poʃta]
correo (m) (cartas, etc.)	pošta (ž)	[poʃta]
cartero (m)	listonoš (m)	[lɪstonoʃ]
horario (m) de apertura	pracovní doba (ž)	[pratsovniː doba]
carta (f)	dopis (m)	[dopɪs]
carta (f) certificada	doporučený dopis (m)	[doporutʃɛniː dopɪs]
tarjeta (f) postal	pohlednice (ž)	[pohlɛdnɪtsɛ]
telegrama (m)	telegram (m)	[tɛlɛgram]
paquete (m) postal	balík (m)	[baliːk]
giro (m) postal	peněžní poukázka (ž)	[pɛneʒniː poukaːska]
recibir (vt)	dostat	[dostat]
enviar (vt)	odeslat	[odɛslat]
envío (m)	odeslání (s)	[odɛslaːniː]
dirección (f)	adresa (ž)	[adrɛsa]
código (m) postal	poštovní směrovací číslo (s)	[poʃtovniː smnerovatsiː tʃiːslo]
expedidor (m)	odesílatel (m)	[odɛsiːlatɛl]
destinatario (m)	příjemce (m)	[prʃiːjɛmtsɛ]
nombre (m)	jméno (s)	[jmɛːno]
apellido (m)	příjmení (s)	[prʃiːjmɛniː]
tarifa (f)	tarif (m)	[tarɪf]
ordinario (adj)	obyčejný	[obɪtʃɛjniː]
económico (adj)	zlevněný	[zlɛvneniː]
peso (m)	váha (ž)	[vaːha]
pesar (~ una carta)	vážit	[vaːʒɪt]
sobre (m)	obálka (ž)	[obaːlka]
sello (m)	známka (ž)	[znaːmka]
poner un sello	nalepovat známku	[nalɛpovat znaːmku]

La vivienda. La casa. El hogar

61. La casa. La electricidad

electricidad (f)	elektřina (ž)	[ɛlɛktrʃɪna]
bombilla (f)	žárovka (ž)	[ʒaːrofka]
interruptor (m)	vypínač (m)	[vɪpiːnatʃ]
fusible (m)	pojistka (ž)	[pojɪstka]
cable, hilo (m)	vodič (m)	[vodɪtʃ]
instalación (f) eléctrica	vedení (s)	[vɛdɛniː]
contador (m) de luz	elektroměr (m)	[ɛlɛktromner]
lectura (f) (~ del contador)	údaj (m)	[uːdaj]

62. La villa. La mansión

casa (f) de campo	venkovský dům (m)	[vɛŋkovskiː duːm]
villa (f)	vila (ž)	[vɪla]
ala (f)	křídlo (s)	[krʃiːdlo]
jardín (m)	zahrada (ž)	[zahrada]
parque (m)	park (m)	[park]
invernadero (m) tropical	oranžérie (ž)	[oranʒeːrɪe]
cuidar (~ el jardín, etc.)	zahradničit	[zahradnɪtʃɪt]
piscina (f)	bazén (m)	[bazɛːn]
gimnasio (m)	tělocvična (ž)	[telotsvɪtʃna]
cancha (f) de tenis	tenisový kurt (m)	[tɛnɪsoviː kurt]
sala (f) de cine	biograf (m)	[bɪograf]
garaje (m)	garáž (ž)	[garaːʃ]
propiedad (f) privada	soukromé vlastnictví (s)	[soukromɛː vlastnɪtstviː]
terreno (m) privado	soukromý pozemek (m)	[soukromi pozɛmɛk]
advertencia (f)	výstraha (ž)	[viːstraha]
letrero (m) de aviso	výstražný nápis (m)	[viːstraʒni naːpɪs]
seguridad (f)	stráž (ž)	[straːʃ]
guardia (m) de seguridad	strážce (m)	[straːʒtsɛ]
alarma (f) antirrobo	signalizace (ž)	[sɪgnalɪzatsɛ]

63. El apartamento

apartamento (m)	byt (m)	[bɪt]
habitación (f)	pokoj (m)	[pokoj]
dormitorio (m)	ložnice (ž)	[loʒnɪtsɛ]

comedor (m)	jídelna (ž)	[jiːdɛlna]
salón (m)	přijímací pokoj (m)	[prʃɪjiːmatsi: pokoj]
despacho (m)	pracovna (ž)	[pratsovna]

antecámara (f)	předsíň (ž)	[prʃɛtsiːnʲ]
cuarto (m) de baño	koupelna (ž)	[koupɛlna]
servicio (m)	záchod (m)	[zaːxot]

techo (m)	strop (m)	[strop]
suelo (m)	podlaha (ž)	[podlaha]
rincón (m)	kout (m)	[kout]

64. Los muebles. El interior

muebles (m pl)	nábytek (m)	[naːbɪtɛk]
mesa (f)	stůl (m)	[stuːl]
silla (f)	židle (ž)	[ʒɪdlɛ]
cama (f)	lůžko (s)	[luːʃko]

| sofá (m) | pohovka (ž) | [pohofka] |
| sillón (m) | křeslo (s) | [krʃɛslo] |

| librería (f) | knihovna (ž) | [knɪhovna] |
| estante (m) | police (ž) | [polɪtsɛ] |

armario (m)	skříň (ž)	[skrʃiːnʲ]
percha (f)	předsíňový věšák (m)	[prʃɛdsiːnovi: veʃaːk]
perchero (m) de pie	stojanový věšák (m)	[stojanovi: veʃaːk]

| cómoda (f) | prádelník (m) | [praːdɛlniːk] |
| mesa (f) de café | konferenční stolek (m) | [konfɛrɛntʃniː stolɛk] |

espejo (m)	zrcadlo (s)	[zrtsadlo]
tapiz (m)	koberec (m)	[kobɛrɛts]
alfombra (f)	kobereček (m)	[kobɛrɛtʃɛk]

chimenea (f)	krb (m)	[krp]
vela (f)	svíce (ž)	[sviːtsɛ]
candelero (m)	svícen (m)	[sviːtsɛn]

cortinas (f pl)	záclony (ž mn)	[zaːtslonɪ]
empapelado (m)	tapety (ž mn)	[tapɛtɪ]
estor (m) de láminas	žaluzie (ž)	[ʒaluzɪɛ]

| lámpara (f) de mesa | stolní lampa (ž) | [stolniː lampa] |
| aplique (m) | svítidlo (s) | [sviːtɪdlo] |

| lámpara (f) de pie | stojací lampa (ž) | [stojatsiː lampa] |
| lámpara (f) de araña | lustr (m) | [lustr] |

pata (f) (~ de la mesa)	noha (ž)	[noha]
brazo (m)	područka (ž)	[podrutʃka]
espaldar (m)	opěradlo (s)	[opɛradlo]
cajón (m)	zásuvka (ž)	[zaːsufka]

65. Los accesorios de cama

ropa (f) de cama	ložní prádlo (s)	[loʒni: pra:dlo]
almohada (f)	polštář (m)	[polʃta:rʃ]
funda (f)	povlak (m) na polštář	[povlak na polʃta:rʒ]
manta (f)	deka (ž)	[dɛka]
sábana (f)	prostěradlo (s)	[prosteradlo]
sobrecama (f)	přikrývka (ž)	[prʃɪkri:fka]

66. La cocina

cocina (f)	kuchyně (ž)	[kuxɪne]
gas (m)	plyn (m)	[plɪn]
cocina (f) de gas	plynový sporák (m)	[plɪnovi: spora:k]
cocina (f) eléctrica	elektrický sporák (m)	[ɛlɛktrɪtski: spora:k]
horno (m)	trouba (ž)	[trouba]
horno (m) microondas	mikrovlnná pec (ž)	[mɪkrovlnna: pɛts]
frigorífico (m)	lednička (ž)	[lɛdnɪtʃka]
congelador (m)	mrazicí komora (ž)	[mrazɪtsi: komora]
lavavajillas (m)	myčka (ž) nádobí	[mɪtʃka na:dobi:]
picadora (f) de carne	mlýnek (m) na maso	[mli:nɛk na maso]
exprimidor (m)	odšťavňovač (m)	[otʃtʲavnʲovatʃ]
tostador (m)	opékač (m) topinek	[opɛ:katʃ topɪnɛk]
batidora (f)	mixér (m)	[mɪksɛ:r]
cafetera (f) (aparato de cocina)	kávovar (m)	[ka:vovar]
cafetera (f) (para servir)	konvice (ž) na kávu	[konvɪtsɛ na ka:vu]
molinillo (m) de café	mlýnek (m) na kávu	[mli:nɛk na ka:vu]
hervidor (m) de agua	čajník (m)	[tʃajni:k]
tetera (f)	čajová konvice (ž)	[tʃajova: konvɪtsɛ]
tapa (f)	poklička (ž)	[poklɪtʃka]
colador (m) de té	cedítko (s)	[tsɛdi:tko]
cuchara (f)	lžíce (ž)	[lʒi:tsɛ]
cucharilla (f)	kávová lžička (ž)	[ka:vova: lʒɪtʃka]
cuchara (f) de sopa	polévková lžíce (ž)	[polɛ:fkova: lʒi:tsɛ]
tenedor (m)	vidlička (ž)	[vɪdlɪtʃka]
cuchillo (m)	nůž (m)	[nu:ʃ]
vajilla (f)	nádobí (s)	[na:dobi:]
plato (m)	talíř (m)	[tali:rʃ]
platillo (m)	talířek (m)	[tali:rʒɛk]
vaso (m) de chupito	sklenička (ž)	[sklɛnɪtʃka]
vaso (m) (~ de agua)	sklenice (ž)	[sklɛnɪtsɛ]
taza (f)	šálek (m)	[ʃa:lɛk]
azucarera (f)	cukřenka (ž)	[tsukrʃɛŋka]
salero (m)	solnička (ž)	[solnɪtʃka]

pimentero (m)	pepřenka (ž)	[pɛprʃɛŋka]
mantequera (f)	nádobka (ž) na máslo	[na:dopka na ma:slo]

cacerola (f)	hrnec (m)	[hrnɛts]
sartén (f)	pánev (ž)	[pa:nɛf]
cucharón (m)	naběračka (ž)	[naberatʃka]
colador (m)	cedník (m)	[tsɛdni:k]
bandeja (f)	podnos (m)	[podnos]

botella (f)	láhev (ž)	[la:hɛf]
tarro (m) de vidrio	sklenice (ž)	[sklɛnɪtsɛ]
lata (f)	plechovka (ž)	[plɛxofka]

abrebotellas (m)	otvírač (m) lahví	[otvi:ratʃ lahvi:]
abrelatas (m)	otvírač (m) konzerv	[otvi:ratʃ konzɛrf]
sacacorchos (m)	vývrtka (ž)	[vi:vrtka]
filtro (m)	filtr (m)	[fɪltr]
filtrar (vt)	filtrovat	[fɪltrovat]

basura (f)	odpadky (m mn)	[otpatki:]
cubo (m) de basura	kbelík (m) na odpadky	[gbɛli:k na otpatkɪ]

67. El baño

cuarto (m) de baño	koupelna (ž)	[koupɛlna]
agua (f)	voda (ž)	[voda]
grifo (m)	kohout (m)	[kohout]
agua (f) caliente	teplá voda (ž)	[tɛpla: voda]
agua (f) fría	studená voda (ž)	[studɛna: voda]

pasta (f) de dientes	zubní pasta (ž)	[zubni: pasta]
limpiarse los dientes	čistit si zuby	[tʃɪstɪt sɪ zubɪ]

afeitarse (vr)	holit se	[holɪt sɛ]
espuma (f) de afeitar	pěna (ž) na holení	[pena na holɛni:]
maquinilla (f) de afeitar	holicí strojek (m)	[holɪtsi: strojɛk]

lavar (vt)	mýt	[mi:t]
darse un baño	mýt se	[mi:t sɛ]
ducha (f)	sprcha (ž)	[sprxa]
darse una ducha	sprchovat se	[sprxovat sɛ]

bañera (f)	vana (ž)	[vana]
inodoro (m)	záchodová mísa (ž)	[za:xodova: mi:sa]
lavabo (m)	umývadlo (s)	[umi:vadlo]

jabón (m)	mýdlo (m)	[mi:dlo]
jabonera (f)	miska (ž) na mýdlo	[mɪska na mi:dlo]

esponja (f)	mycí houba (ž)	[mɪtsi: houba]
champú (m)	šampon (m)	[ʃampon]
toalla (f)	ručník (m)	[rutʃni:k]
bata (f) de baño	župan (m)	[ʒupan]
colada (f), lavado (m)	praní (s)	[prani:]

T&P Books. Vocabulario Español-Checo - 5000 palabras más usadas

lavadora (f)	pračka (ž)	[pratʃka]
lavar la ropa	prát	[praːt]
detergente (m) en polvo	prací prášek (m)	[pratsiː praːʃɛk]

68. Los aparatos domésticos

televisor (m)	televizor (m)	[tɛlɛvɪzor]
magnetófono (m)	magnetofon (m)	[magnɛtofon]
vídeo (m)	videomagnetofon (m)	[vɪdɛomagnɛtofon]
radio (m)	přijímač (m)	[prʃɪjiːmatʃ]
reproductor (m) (~ MP3)	přehrávač (m)	[prʃɛhraːvatʃ]

proyector (m) de vídeo	projektor (m)	[projɛktor]
sistema (m) home cinema	domácí biograf (m)	[domaːtsiː bɪograf]
reproductor (m) de DVD	DVD přehrávač (m)	[dɛvɛdɛ prʃɛhraːvatʃ]
amplificador (m)	zesilovač (m)	[zɛsɪlovatʃ]
videoconsola (f)	hrací přístroj (m)	[hratsiː prʃiːstroj]

cámara (f) de vídeo	videokamera (ž)	[vɪdɛokamɛra]
cámara (f) fotográfica	fotoaparát (m)	[fotoaparaːt]
cámara (f) digital	digitální fotoaparát (m)	[dɪgɪtaːlniː fotoaparaːt]

aspirador (m), aspiradora (f)	vysavač (m)	[vɪsavatʃ]
plancha (f)	žehlička (ž)	[ʒɛhlɪtʃka]
tabla (f) de planchar	žehlicí prkno (s)	[ʒɛhlɪtsiː prkno]

teléfono (m)	telefon (m)	[tɛlɛfon]
teléfono (m) móvil	mobilní telefon (m)	[mobɪlni: tɛlɛfon]
máquina (f) de escribir	psací stroj (m)	[psatsiː stroj]
máquina (f) de coser	šicí stroj (m)	[ʃɪtsiː stroj]

micrófono (m)	mikrofon (m)	[mɪkrofon]
auriculares (m pl)	sluchátka (s mn)	[sluxaːtka]
mando (m) a distancia	ovládač (m)	[ovlaːdatʃ]

CD (m)	CD disk (m)	[tsɛːdɛː dɪsk]
casete (m)	kazeta (ž)	[kazɛta]
disco (m) de vinilo	deska (ž)	[dɛska]

LAS ACTIVIDADES DE LA GENTE

El trabajo. Los negocios. Unidad 1

69. La oficina. El trabajo de oficina

oficina (f)	kancelář (ž)	[kantsɛla:rʃ]
despacho (m)	pracovna (ž)	[pratsovna]
recepción (f)	recepce (ž)	[rɛtsɛptsɛ]
secretario (m)	sekretář (m)	[sɛkrɛta:rʃ]
director (m)	ředitel (m)	[rʒɛdɪtɛl]
manager (m)	manažer (m)	[manaʒer]
contable (m)	účetní (m, ž)	[u:tʃɛtni:]
colaborador (m)	zaměstnanec (m)	[zamnestnanɛts]
muebles (m pl)	nábytek (m)	[na:bɪtɛk]
escritorio (m)	stůl (m)	[stu:l]
silla (f)	křeslo (s)	[krʃɛslo]
cajonera (f)	zásuvkový díl (ž)	[za:sufkovi: di:l]
perchero (m) de pie	věšák (m)	[veʃa:k]
ordenador (m)	počítač (m)	[potʃi:tatʃ]
impresora (f)	tiskárna (ž)	[tɪska:rna]
fax (m)	fax (m)	[faks]
fotocopiadora (f)	kopírovací přístroj (m)	[kopi:rovatsi: prʃi:stroj]
papel (m)	papír (m)	[papi:r]
papelería (f)	kancelářské potřeby (ž mn)	[kantsɛlarʃskɛ: potrʃɛbɪ]
alfombrilla (f) para ratón	podložka (ž) pro myš	[podloʃka pro mɪʃ]
hoja (f) de papel	list (m)	[lɪst]
carpeta (f)	fascikl (m)	[fastsɪkl]
catálogo (m)	katalog (m)	[katalok]
directorio (m) telefónico	příručka (ž)	[prʃi:rutʃka]
documentación (f)	dokumentace (ž)	[dokumɛntatsɛ]
folleto (m)	brožura (ž)	[broʒura]
prospecto (m)	leták (m)	[lɛta:k]
muestra (f)	vzor (m)	[vzor]
reunión (f) de formación	trénink (m)	[trɛ:nɪŋk]
reunión (f)	porada (ž)	[porada]
pausa (f) del almuerzo	polední přestávka (ž)	[polɛdni: prʃɛsta:fka]
hacer una copia	dělat kopii	[delat kopɪjɪ]
hacer copias	rozmnožit	[rozmnoʒɪt]
recibir un fax	přijímat fax	[prʃɪji:mat faks]
enviar un fax	odesílat fax	[odɛsi:lat faks]
llamar por teléfono	zavolat	[zavolat]

| responder (vi, vt) | odpovědět | [otpovedet] |
| poner en comunicación | spojit | [spojɪt] |

fijar (~ una reunión)	stanovovat	[stanovovat]
demostrar (vt)	demonstrovat	[dɛmonstrovat]
estar ausente	být nepřítomen	[bi:t nɛprʃi:tomɛn]
ausencia (f)	absence (ž)	[apsɛnt͡sɛ]

70. Los procesos de negocio. Unidad 1

ocupación (f)	práce (ž)	[pra:t͡sɛ]
firma (f)	firma (ž)	[fɪrma]
compañía (f)	společnost (ž)	[spolɛt͡ʃnost]
corporación (f)	korporace (ž)	[korporat͡sɛ]
empresa (f)	podnik (m)	[podnɪk]
agencia (f)	agentura (ž)	[agɛntura]

acuerdo (m)	smlouva (ž)	[smlouva]
contrato (m)	kontrakt (m)	[kontrakt]
trato (m), acuerdo (m)	obchod (m)	[obxot]
pedido (m)	objednávka (ž)	[objɛdna:fka]
condición (f) del contrato	podmínka (ž)	[podmi:ŋka]

al por mayor (adv)	ve velkém	[vɛ vɛlkɛ:m]
al por mayor (adj)	velkoobchodní	[vɛlkoobxodni:]
venta (f) al por mayor	prodej (m) ve velkém	[prodɛj vɛ vɛlkɛ:m]
al por menor (adj)	maloobchodní	[maloobxodni:]
venta (f) al por menor	prodej (m) v drobném	[prodɛj v drobnɛ:m]

competidor (m)	konkurent (m)	[koŋkurɛnt]
competencia (f)	konkurence (ž)	[koŋkurɛnt͡sɛ]
competir (vi)	konkurovat	[koŋkurovat]

| socio (m) | partner (m) | [partnɛr] |
| sociedad (f) | partnerství (s) | [partnɛrstvi:] |

crisis (f)	krize (ž)	[krɪzɛ]
bancarrota (f)	bankrot (m)	[baŋkrot]
ir a la bancarrota	zbankrotovat	[zbaŋkrotovat]
dificultad (f)	potíž (ž)	[poti:ʃ]
problema (m)	problém (m)	[problɛ:m]
catástrofe (f)	katastrofa (ž)	[katastrofa]

economía (f)	ekonomika (ž)	[ɛkonomɪka]
económico (adj)	ekonomický	[ɛkonomɪt͡ski:]
recesión (f) económica	hospodářský pokles (m)	[hospoda:rʃski: poklɛs]

| meta (f) | cíl (m) | [t͡si:l] |
| objetivo (m) | úkol (m) | [u:kol] |

comerciar (vi)	obchodovat	[obxodovat]
red (f) (~ comercial)	síť (ž)	[si:tʲ]
existencias (f pl)	sklad (m)	[sklat]
surtido (m)	sortiment (m)	[sortɪmɛnt]

líder (m)	předák (m)	[prʃɛda:k]
grande (empresa ~)	velký	[vɛlki:]
monopolio (m)	monopol (m)	[monopol]

teoría (f)	teorie (ž)	[tɛorɪe]
práctica (f)	praxe (ž)	[praksɛ]
experiencia (f)	zkušenost (ž)	[skuʃɛnost]
tendencia (f)	tendence (ž)	[tɛndɛntsɛ]
desarrollo (m)	rozvoj (m)	[rozvoj]

71. Los procesos de negocio. Unidad 2

| rentabilidad (f) | výhoda (ž) | [vi:hoda] |
| rentable (adj) | výhodný | [vi:hodni:] |

delegación (f)	delegace (ž)	[dɛlɛgatsɛ]
salario (m)	mzda (ž)	[mzda]
corregir (un error)	opravovat	[opravovat]
viaje (m) de negocios	služební cesta (ž)	[sluʒebni: tsɛsta]
comisión (f)	komise (ž)	[komɪsɛ]

controlar (vt)	kontrolovat	[kontrolovat]
conferencia (f)	konference (ž)	[konfɛrɛntsɛ]
licencia (f)	licence (ž)	[lɪtsɛntsɛ]
fiable (socio ~)	spolehlivý	[spolɛhlɪvi:]

iniciativa (f)	iniciativa (ž)	[ɪnɪtsɪatɪva]
norma (f)	norma (ž)	[norma]
circunstancia (f)	okolnost (ž)	[okolnost]
deber (m)	povinnost (ž)	[povɪnnost]

empresa (f)	organizace (ž)	[organɪzatsɛ]
organización (f) (proceso)	organizace (ž)	[organɪzatsɛ]
organizado (adj)	organizovaný	[organɪzovani:]
anulación (f)	zrušení (s)	[zruʃɛni:]
anular (vt)	zrušit	[zruʃɪt]
informe (m)	zpráva (ž)	[spra:va]

patente (m)	patent (m)	[patɛnt]
patentar (vt)	patentovat	[patɛntovat]
planear (vt)	plánovat	[pla:novat]

premio (m)	prémie (ž)	[prɛ:mɪe]
profesional (adj)	profesionální	[profɛsɪona:lni:]
procedimiento (m)	procedura (ž)	[protsɛdura]

examinar (vt)	projednat	[projɛdnat]
cálculo (m)	výpočet (m)	[vi:potʃɛt]
reputación (f)	reputace (ž)	[rɛputatsɛ]
riesgo (m)	riziko (s)	[rɪzɪko]

dirigir (administrar)	řídit	[rʒi:dɪt]
información (f)	údaje (m mn)	[u:dajɛ]
propiedad (f)	vlastnictví (s)	[vlastnɪtstvi:]

unión (f)	unie (ž)	[unɪe]
seguro (m) de vida	pojištění (s) života	[pojɪʃteni: ʒɪvota]
asegurar (vt)	pojišťovat	[pojɪʃt'ovat]
seguro (m)	pojistka (ž)	[pojɪstka]

subasta (f)	dražba (ž)	[draʒba]
notificar (informar)	uvědomit	[uvedomɪt]
gestión (f)	řízení (s)	[rʒi:zɛni:]
servicio (m)	služba (ž)	[sluʒba]

foro (m)	fórum (s)	[fo:rum]
funcionar (vi)	fungovat	[fungovat]
etapa (f)	etapa (ž)	[ɛtapa]
jurídico (servicios ~s)	právnický	[pra:vnɪtski:]
jurista (m)	právník (m)	[pra:vni:k]

72. La producción. Los trabajos

planta (f)	závod (m)	[za:vot]
fábrica (f)	továrna (ž)	[tova:rna]
taller (m)	dílna (ž)	[di:lna]
planta (f) de producción	podnik (m)	[podnɪk]

industria (f)	průmysl (m)	[pru:mɪsl]
industrial (adj)	průmyslový	[pru:mɪslovi:]
industria (f) pesada	těžký průmysl (m)	[tɛʃki: pru:mɪsl]
industria (f) ligera	lehký průmysl (m)	[lɛhki: pru:mɪsl]

producción (f)	výroba (ž)	[vi:roba]
producir (vt)	vyrábět	[vɪra:bet]
materias (f pl) primas	surovina (ž)	[surovɪna]

jefe (m) de brigada	četař (m)	[tʃɛtarʃ]
brigada (f)	brigáda (ž)	[brɪga:da]
obrero (m)	dělník (m)	[delni:k]

día (m) de trabajo	pracovní den (m)	[pratsovni: dɛn]
descanso (m)	přestávka (ž)	[prʃɛsta:fka]
reunión (f)	schůze (ž)	[sxu:zɛ]
discutir (vt)	projednávat	[projɛdna:vat]

plan (m)	plán (m)	[pla:n]
cumplir el plan	plnit plán	[plnɪt pla:n]
tasa (f) de producción	norma (ž)	[norma]
calidad (f)	kvalita (ž)	[kvalɪta]
control (m)	kontrola (ž)	[kontrola]
control (m) de calidad	kontrola (ž) kvality	[kontrola kvalɪtɪ]

seguridad (f) de trabajo	bezpečnost (ž) práce	[bɛzpɛtʃnost pra:tsɛ]
disciplina (f)	kázeň (ž)	[ka:zɛnʲ]
infracción (f)	přestupek (m)	[prʃɛstupɛk]
violar (las reglas)	nedodržovat	[nɛdodrʒovat]
huelga (f)	stávka (ž)	[sta:fka]
huelguista (m)	stávkující (m)	[sta:fkuji:tsi:]

| estar en huelga | stávkovat | [staːfkovat] |
| sindicato (m) | odbory (m) | [odborɪ] |

inventar (máquina, etc.)	vynalézat	[vɪnalɛːzat]
invención (f)	vynález (m)	[vɪnalɛːz]
investigación (f)	výzkum (m)	[viːskum]
mejorar (vt)	zlepšovat	[zlɛpʃovat]
tecnología (f)	technologie (ž)	[tɛxnologɪe]
dibujo (m) técnico	výkres (m)	[viːkrɛs]

cargamento (m)	náklad (m)	[naːklat]
cargador (m)	nakládač (m)	[naklaːdatʃ]
cargar (camión, etc.)	nakládat	[naklaːdat]
carga (f) (proceso)	nakládání (s)	[naklaːdaːniː]
descargar (vt)	vykládat	[vɪklaːdat]
descarga (f)	vykládání (s)	[vɪklaːdaːniː]

transporte (m)	doprava (ž)	[doprava]
compañía (f) de transporte	dopravní společnost (ž)	[dopravniː spolɛtʃnost]
transportar (vt)	dopravovat	[dopravovat]

vagón (m)	nákladní vůz (m)	[naːkladniː vuːz]
cisterna (f)	cisterna (ž)	[tsɪstɛrna]
camión (m)	nákladní auto (s)	[naːkladniː auto]

| máquina (f) herramienta | stroj (m) | [stroj] |
| mecanismo (m) | mechanismus (m) | [mɛxanɪzmus] |

desperdicios (m pl)	odpad (m)	[otpat]
empaquetado (m)	balení (s)	[balɛniː]
empaquetar (vt)	zabalit	[zabalɪt]

73. El contrato. El acuerdo

contrato (m)	kontrakt (m)	[kontrakt]
acuerdo (m)	dohoda (ž)	[dohoda]
anexo (m)	příloha (ž)	[prʃiːloha]

firmar un contrato	uzavřít kontrakt	[uzavrʒiːt kontrakt]
firma (f) (nombre)	podpis (m)	[potpɪs]
firmar (vt)	podepsat	[podɛpsat]
sello (m)	razítko (s)	[raziːtko]

objeto (m) del acuerdo	předmět (m) smlouvy	[prʃɛdmnet smlouvɪ]
cláusula (f)	bod (m)	[bot]
partes (f pl)	strany (ž mn)	[stranɪ]
domicilio (m) legal	sídlo (s)	[siːdlo]

violar el contrato	porušit kontrakt	[poruʃɪt kontrakt]
obligación (f)	závazek (m)	[zaːvazɛk]
responsabilidad (f)	odpovědnost (ž)	[otpovednost]
fuerza mayor (f)	vyšší moc (ž)	[vɪʃiː mots]
disputa (f)	spor (m)	[spor]
penalidades (f pl)	sankční pokuta (ž)	[saŋktʃniː pokuta]

74. Importación y exportación

importación (f)	dovoz, import (m)	[dovoz], [ɪmport]
importador (m)	dovozce (m)	[dovoztsɛ]
importar (vt)	dovážet	[dovaːʒet]
de importación (adj)	dovozový	[dovozoviː]
exportador (m)	vývozce (m)	[viːvoztsɛ]
exportar (vt)	vyvážet	[vɪvaːʒet]
mercancía (f)	zboží (s)	[zboʒiː]
lote (m) de mercancías	partie (ž)	[partɪe]
peso (m)	váha (ž)	[vaːha]
volumen (m)	objem (m)	[objɛm]
metro (m) cúbico	krychlový metr (m)	[krɪxloviː mɛtr]
productor (m)	výrobce (m)	[viːrobtsɛ]
compañía (f) de transporte	dopravní společnost (ž)	[dopravniː spolɛtʃnost]
contenedor (m)	kontejner (m)	[kontɛjnɛr]
frontera (f)	hranice (ž)	[hranɪtsɛ]
aduana (f)	celnice (ž)	[tsɛlnɪtsɛ]
derechos (m pl) arancelarios	clo (s)	[tslo]
aduanero (m)	celník (m)	[tsɛlniːk]
contrabandismo (m)	pašování (s)	[paʃovaːniː]
contrabando (m)	pašované zboží (s mn)	[paʃovanɛː zboʒiː]

75. Las finanzas

acción (f)	akcie (ž)	[aktsɪe]
bono (m), obligación (f)	dluhopis (m)	[dluhopɪs]
letra (f) de cambio	směnka (ž)	[smnɛŋka]
bolsa (f)	burza (ž)	[burza]
cotización (f) de valores	kurz (m) akcií	[kurs aktsɪjiː]
abaratarse (vr)	zlevnět	[zlɛvnet]
encarecerse (vr)	zdražit	[zdraʒɪt]
parte (f)	podíl (m)	[podiːl]
interés (m) mayoritario	kontrolní balík (m)	[kontrolniː baliːk]
inversiones (f pl)	investice (ž mn)	[ɪnvɛstɪtsɛ]
invertir (vi, vt)	investovat	[ɪnvɛstovat]
porcentaje (m)	procento (s)	[protsɛnto]
interés (m)	úroky (m mn)	[uːrokɪ]
beneficio (m)	zisk (m)	[zɪsk]
beneficioso (adj)	ziskový	[zɪskoviː]
impuesto (m)	daň (ž)	[danʲ]
divisa (f)	měna (ž)	[mnena]
nacional (adj)	národní	[naːrodniː]

cambio (m)	výměna (ž)	[vi:mnena]
contable (m)	účetní (m, ž)	[u:tʃɛtni:]
contaduría (f)	účtárna (ž)	[u:tʃta:rna]
bancarrota (f)	bankrot (m)	[baŋkrot]
quiebra (f)	krach (m)	[krax]
ruina (f)	bankrot (m)	[baŋkrot]
arruinarse (vr)	zkrachovat	[skraxovat]
inflación (f)	inflace (ž)	[ɪnflatsɛ]
devaluación (f)	devalvace (ž)	[dɛvalvatsɛ]
capital (m)	kapitál (m)	[kapɪta:l]
ingresos (m pl)	příjem (m)	[prʃi:jɛm]
volumen (m) de negocio	obrat (m)	[obrat]
recursos (m pl)	zdroje (m mn)	[zdrojɛ]
recursos (m pl) monetarios	peněžní prostředky (m mn)	[pɛnɛʒni: prostrʃɛtkɪ]
reducir (vt)	snížit	[sni:ʒɪt]

76. La mercadotecnia

mercadotecnia (f)	marketing (m)	[markɛtɪŋk]
mercado (m)	trh (m)	[trx]
segmento (m) del mercado	segment (m) trhu	[sɛgmɛnt trhu]
producto (m)	produkt (m)	[produkt]
mercancía (f)	zboží (s)	[zboʒi:]
marca (f)	obchodní značka (ž)	[obxodni: znatʃka]
logotipo (m)	firemní značka (ž)	[fɪrɛmni: znatʃka]
logo (m)	logo (s)	[logo]
demanda (f)	poptávka (ž)	[popta:fka]
oferta (f)	nabídka (ž)	[nabi:tka]
necesidad (f)	potřeba (ž)	[potrʃɛba]
consumidor (m)	spotřebitel (m)	[spotrʃɛbɪtɛl]
análisis (m)	analýza (ž)	[anali:za]
analizar (vt)	analyzovat	[analɪzovat]
posicionamiento (m)	určování (s) pozice	[urtʃova:ni: pozɪtsɛ]
posicionar (vt)	určovat pozici	[urtʃovat pozɪtsɪ]
precio (m)	cena (ž)	[tsɛna]
política (f) de precios	cenová politika (ž)	[tsɛnova: polɪtɪka]
formación (f) de precios	tvorba (ž) cen	[tvorba tsɛn]

77. La publicidad

publicidad (f)	reklama (ž)	[rɛklama]
publicitar (vt)	dělat reklamu	[delat rɛklamu]
presupuesto (m)	rozpočet (m)	[rozpotʃɛt]
anuncio (m) publicitario	reklama (ž)	[rɛklama]
publicidad (f) televisiva	televizní reklama (ž)	[tɛlɛvɪzni: rɛklama]

publicidad (f) radiofónica	rozhlasová reklama (ž)	[rozhlasova: rɛklama]
publicidad (f) exterior	venkovní reklama (ž)	[vɛŋkovni: rɛklama]
medios (m pl) de comunicación de masas	média (s mn)	[mɛ:dɪa]
periódico (m)	periodikum (s)	[pɛrɪodɪkum]
imagen (f)	image (ž)	[ɪmɪdʒ]
consigna (f)	heslo (s)	[hɛslo]
divisa (f)	heslo (s)	[hɛslo]
campaña (f)	kampaň (ž)	[kampanʲ]
campaña (f) publicitaria	reklamní kampaň (ž)	[rɛklamni: kampanʲ]
auditorio (m) objetivo	cílové posluchačstvo (s)	[tsi:lovɛ: posluxatʃstvo]
tarjeta (f) de visita	vizitka (ž)	[vɪzɪtka]
prospecto (m)	leták (m)	[lɛta:k]
folleto (m)	brožura (ž)	[broʒura]
panfleto (m)	skládanka (ž)	[skla:daŋka]
boletín (m)	bulletin (m)	[bɪltɛ:n]
letrero (m) (~ luminoso)	reklamní tabule (ž)	[rɛklamni: tabulɛ]
pancarta (f)	plakát (m)	[plaka:t]
valla (f) publicitaria	billboard (m)	[bɪlbo:rt]

78. La banca

banco (m)	banka (ž)	[baŋka]
sucursal (f)	pobočka (ž)	[pobotʃka]
consultor (m)	konzultant (m)	[konzultant]
gerente (m)	správce (m)	[spra:vtsɛ]
cuenta (f)	účet (m)	[u:tʃɛt]
numero (m) de la cuenta	číslo (s) účtu	[tʃi:slo u:tʃtu]
cuenta (f) corriente	běžný účet (m)	[bɛʒni: u:tʃɛt]
cuenta (f) de ahorros	spořitelní účet (m)	[sporʒɪtɛlni: u:tʃɛt]
abrir una cuenta	založit účet	[zaloʒɪt u:tʃɛt]
cerrar la cuenta	uzavřít účet	[uzavrʒi:t u:tʃɛt]
ingresar en la cuenta	uložit na účet	[uloʒɪt na u:tʃɛt]
sacar de la cuenta	vybrat z účtu	[vɪbrat s u:tʃtu]
depósito (m)	vklad (m)	[fklat]
hacer un depósito	uložit vklad	[uloʒɪt fklat]
giro (m) bancario	převod (m)	[prʃɛvot]
hacer un giro	převést	[prʃɛvɛ:st]
suma (f)	částka (ž)	[tʃa:stka]
¿Cuánto?	Kolik?	[kolɪk]
firma (f) (nombre)	podpis (m)	[potpɪs]
firmar (vt)	podepsat	[podɛpsat]
tarjeta (f) de crédito	kreditní karta (ž)	[krɛdɪtni: karta]

código (m)	kód (m)	[ko:t]
número (m) de tarjeta de crédito	číslo (s) kreditní karty	[tʃi:slo krɛdɪtni: kartɪ]
cajero (m) automático	bankomat (m)	[baŋkomat]
cheque (m)	šek (m)	[ʃɛk]
sacar un cheque	vystavit šek	[vɪstavɪt ʃɛk]
talonario (m)	šeková knížka (ž)	[ʃɛkova: kni:ʃka]
crédito (m)	úvěr (m)	[u:ver]
pedir el crédito	žádat o úvěr	[ʒa:dat o u:ver]
obtener un crédito	brát na úvěr	[bra:t na u:ver]
conceder un crédito	poskytovat úvěr	[poskɪtovat u:ver]
garantía (f)	kauce (ž)	[kautsɛ]

79. El teléfono. Las conversaciones telefónicas

teléfono (m)	telefon (m)	[tɛlɛfon]
teléfono (m) móvil	mobilní telefon (m)	[mobɪlni: tɛlɛfon]
contestador (m)	záznamník (m)	[za:znamni:k]
llamar, telefonear	volat	[volat]
llamada (f)	hovor (m), volání (s)	[hovor], [vola:ni:]
marcar un número	vytočit číslo	[vɪtotʃɪt tʃi:slo]
¿Sí?, ¿Dígame?	Prosím!	[prosi:m]
preguntar (vt)	zeptat se	[zɛptat sɛ]
responder (vi, vt)	odpovědět	[otpovedet]
oír (vt)	slyšet	[slɪʃɛt]
bien (adv)	dobře	[dobrʒɛ]
mal (adv)	špatně	[ʃpatne]
ruidos (m pl)	poruchy (ž mn)	[poruxɪ]
auricular (m)	sluchátko (s)	[sluxa:tko]
descolgar (el teléfono)	vzít sluchátko	[vzi:t sluxa:tko]
colgar el auricular	zavěsit sluchátko	[zavesɪt sluxa:tko]
ocupado (adj)	obsazeno	[opsazɛno]
sonar (teléfono)	zvonit	[zvonɪt]
guía (f) de teléfonos	telefonní seznam (m)	[tɛlɛfonni: sɛznam]
local (adj)	místní	[mi:stni:]
de larga distancia	dálkový	[da:lkovi:]
internacional (adj)	mezinárodní	[mɛzɪna:rodni:]

80. El teléfono celular

teléfono (m) móvil	mobilní telefon (m)	[mobɪlni: tɛlɛfon]
pantalla (f)	displej (m)	[dɪsplɛj]
botón (m)	tlačítko (s)	[tlatʃi:tko]
tarjeta SIM (f)	SIM karta (ž)	[sɪm karta]

pila (f)	baterie (ž)	[batɛrɪe]
descargarse (vr)	vybít se	[vɪbi:t sɛ]
cargador (m)	nabíječka (ž)	[nabi:jɛtʃka]

menú (m)	nabídka (ž)	[nabi:tka]
preferencias (f pl)	nastavení (s)	[nastavɛni:]
melodía (f)	melodie (ž)	[mɛlodɪe]
seleccionar (vt)	vybrat	[vɪbrat]

calculadora (f)	kalkulačka (ž)	[kalkulatʃka]
contestador (m)	hlasová schránka (ž)	[hlasova: sxra:ŋka]
despertador (m)	budík (m)	[budi:k]
contactos (m pl)	telefonní seznam (m)	[tɛlɛfonni: sɛznam]

| mensaje (m) de texto | SMS zpráva (ž) | [ɛsɛmɛs spra:va] |
| abonado (m) | účastník (m) | [u:tʃastni:k] |

81. Los artículos de escritorio. La papelería

| bolígrafo (m) | pero (s) | [pɛro] |
| pluma (f) estilográfica | plnicí pero (s) | [plnɪtsi: pɛro] |

lápiz (m)	tužka (ž)	[tuʃka]
marcador (m)	značkovač (m)	[znatʃkovatʃ]
rotulador (m)	fix (m)	[fɪks]

| bloc (m) de notas | notes (m) | [notɛs] |
| agenda (f) | diář (m) | [dɪa:rʃ] |

regla (f)	pravítko (s)	[pravi:tko]
calculadora (f)	kalkulačka (ž)	[kalkulatʃka]
goma (f) de borrar	guma (ž)	[guma]
chincheta (f)	napínáček (m)	[napi:na:tʃɛk]
clip (m)	svorka (ž)	[svorka]

cola (f), pegamento (m)	lepidlo (s)	[lɛpɪdlo]
grapadora (f)	sešívačka (ž)	[sɛʃi:vatʃka]
perforador (m)	dírkovačka (ž)	[di:rkovatʃka]
sacapuntas (m)	ořezávátko (s)	[orʒɛza:va:tko]

82. Tipos de negocios

contabilidad (f)	účetnické služby (ž mn)	[u:tʃɛtnɪtskɛ: sluʒbɪ]
publicidad (f)	reklama (ž)	[rɛklama]
agencia (f) de publicidad	reklamní agentura (ž)	[rɛklamni: agɛntura]
climatizadores (m pl)	klimatizátory (m mn)	[klɪmatɪza:torɪ]
compañía (f) aérea	letecká společnost (ž)	[lɛtɛtska: spolɛtʃnost]

bebidas (f pl) alcohólicas	alkoholické nápoje (m mn)	[alkoholɪtskɛ: na:pojɛ]
antigüedad (f)	starožitnictví (s)	[staroʒɪtnɪtstvi:]
galería (f) de arte	galerie (ž)	[galɛrɪe]
servicios (m pl) de auditoría	auditorské služby (ž mn)	[audɪtorskɛ: sluʒbɪ]

negocio (m) bancario	bankovnictví (s)	[baŋkovnɪtstviː]
bar (m)	bar (m)	[bar]
salón (m) de belleza	kosmetický salón (m)	[kosmɛtɪtski: saloːn]
librería (f)	knihkupectví (s)	[knɪxkupɛtstviː]
fábrica (f) de cerveza	pivovar (m)	[pɪvovar]
centro (m) de negocios	obchodní centrum (s)	[obxodni: tsɛntrum]
escuela (f) de negocios	obchodní škola (ž)	[obxodni: ʃkola]
casino (m)	kasino (s)	[kasiːno]
construcción (f)	stavebnictví (s)	[stavɛbnɪtstviː]
consultoría (f)	poradenství (s)	[poradɛnstviː]
estomatología (f)	stomatologie (ž)	[stomatologɪe]
diseño (m)	design (m)	[dɪzajn]
farmacia (f)	lékárna (ž)	[lɛːkaːrna]
tintorería (f)	čistírna (ž)	[tʃɪstiːrna]
agencia (f) de empleo	kádrová kancelář (ž)	[kaːdrova: kantsɛlaːrʃ]
servicios (m pl) financieros	finanční služby (ž mn)	[fɪnantʃni: sluʒbɪ]
productos alimenticios	potraviny (ž mn)	[potravɪnɪ]
funeraria (f)	pohřební ústav (m)	[pohrʒɛbni: uːstaf]
muebles (m pl)	nábytek (m)	[naːbɪtɛk]
ropa (f)	oblečení (s)	[oblɛtʃɛniː]
hotel (m)	hotel (m)	[hotɛl]
helado (m)	zmrzlina (ž)	[zmrzlɪna]
industria (f)	průmysl (m)	[pruːmɪsl]
seguro (m)	pojištění (s)	[pojɪʃteniː]
internet (m), red (f)	internet (m)	[ɪntɛrnɛt]
inversiones (f pl)	investice (ž mn)	[ɪnvɛstɪtsɛ]
joyero (m)	klenotník (m)	[klɛnotniːk]
joyería (f)	klenotnické výrobky (m mn)	[klɛnotnɪtskɛ: viːropkɪ]
lavandería (f)	prádelna (ž)	[praːdɛlna]
asesoría (f) jurídica	právnické služby (ž mn)	[praːvnɪtskɛ: sluʒbɪ]
industria (f) ligera	lehký průmysl (m)	[lɛhki: pruːmɪsl]
revista (f)	časopis (m)	[tʃasopɪs]
venta (f) por catálogo	prodej (m) podle katalogu	[prodɛj podlɛ katalogu]
medicina (f)	lékařství (s)	[lɛːkarʃstviː]
cine (m) (iremos al ~)	biograf (m)	[bɪograf]
museo (m)	muzeum (s)	[muzɛum]
agencia (f) de información	zpravodajská agentura (ž)	[spravodajska: agɛntura]
periódico (m)	noviny (ž mn)	[novɪnɪ]
club (m) nocturno	noční klub (m)	[notʃni: klup]
petróleo (m)	ropa (ž)	[ropa]
servicio (m) de entrega	kurýrská služba (ž)	[kuriːrska: sluʒba]
industria (f) farmacéutica	farmacie (ž)	[farmatsɪe]
poligrafía (f)	polygrafie (ž)	[polɪgrafɪe]
editorial (f)	nakladatelství (s)	[nakladatɛlstviː]
radio (f)	rozhlas (m)	[rozhlas]
inmueble (m)	nemovitost (ž)	[nɛmovɪtost]
restaurante (m)	restaurace (ž)	[rɛstauratsɛ]

agencia (f) de seguridad	bezpečnostní agentura (ž)	[bɛzpɛtʃnostni: agɛntura]
deporte (m)	sport (m)	[sport]
bolsa (f) de comercio	burza (ž)	[burza]
tienda (f)	obchod (m)	[obxot]
supermercado (m)	supermarket (m)	[supɛrmarket]
piscina (f)	bazén (m)	[bazɛ:n]
taller (m)	módní salón (m)	[mo:dni: salo:n]
televisión (f)	televize (ž)	[tɛlɛvɪzɛ]
teatro (m)	divadlo (s)	[dɪvadlo]
comercio (m)	obchod (m)	[obxot]
servicios de transporte	přeprava (ž)	[prʃɛprava]
turismo (m)	cestovní ruch (m)	[tsɛstovni: rux]
veterinario (m)	zvěrolékař (m)	[zverolɛ:karʃ]
almacén (m)	sklad (m)	[sklat]
recojo (m) de basura	vyvážení (s) odpadků	[vɪva:ʒeni: otpatku:]

El trabajo. Los negocios. Unidad 2

83. La exhibición. La feria comercial

exposición, feria (f)	výstava (ž)	[vi:stava]
feria (f) comercial	obchodní výstava (ž)	[obxodni: vi:stava]
participación (f)	účast (ž)	[u:tʃast]
participar (vi)	zúčastnit se	[zu:tʃastnɪt sɛ]
participante (m)	účastník (m)	[u:tʃastni:k]
director (m)	ředitel (m)	[rʒɛdɪtɛl]
dirección (f)	organizační výbor (m)	[organɪzatʃni: vi:bor]
organizador (m)	organizátor (m)	[organɪza:tor]
organizar (vt)	organizovat	[organɪzovat]
solicitud (f) de participación	přihláška (ž) k účasti	[prʃɪhla:ʃka k u:tʃastɪ]
rellenar (vt)	vyplnit	[vɪplnɪt]
detalles (m pl)	podrobnosti (ž mn)	[podrobnostɪ]
información (f)	informace (ž)	[ɪnformatsɛ]
precio (m)	cena (ž)	[tsɛna]
incluso	včetně	[vtʃɛtne]
incluir (vt)	zahrnovat	[zahrnovat]
pagar (vi, vt)	platit	[platɪt]
cuota (f) de registro	registrační poplatek (m)	[rɛgɪstratʃni: poplatɛk]
entrada (f)	vchod (m)	[vxot]
pabellón (m)	pavilón (m)	[pavɪlo:n]
registrar (vt)	registrovat	[rɛgɪstrovat]
tarjeta (f) de identificación	jmenovka (ž)	[jmɛnofka]
stand (m) de feria	stánek (m)	[sta:nɛk]
reservar (vt)	rezervovat	[rɛzɛrvovat]
vitrina (f)	vitrína (ž)	[vɪtrɪna]
lámpara (f)	svítidlo (s)	[svi:tɪdlo]
diseño (m)	design (m)	[dɪzajn]
poner (colocar)	rozmisťovat	[rozmɪsťovat]
distribuidor (m)	distributor (m)	[dɪstrɪbutor]
proveedor (m)	dodavatel (m)	[dodavatɛl]
país (m)	země (ž)	[zɛmnɛ]
extranjero (adj)	zahraniční	[zahranɪtʃni:]
producto (m)	produkt (m)	[produkt]
asociación (f)	asociace (ž)	[asotsɪatsɛ]
sala (f) de conferencias	konferenční sál (m)	[konfɛrɛntʃni: sa:l]
congreso (m)	kongres (m)	[kongrɛs]

T&P Books. Vocabulario Español-Checo - 5000 palabras más usadas

concurso (m)	soutěž (ž)	[souteʃ]
visitante (m)	návštěvník (m)	[naːvʃtevniːk]
visitar (vt)	navštěvovat	[navʃtevovat]
cliente (m)	zákazník (m)	[zaːkazniːk]

84. La ciencia. La investigación. Los científicos

ciencia (f)	věda (ž)	[veda]
científico (adj)	vědecký	[vedɛtski:]
científico (m)	vědec (m)	[vedɛts]
teoría (f)	teorie (ž)	[tɛorɪe]

axioma (m)	axiom (m)	[aksɪoːm]
análisis (m)	analýza (ž)	[analiːza]
analizar (vt)	analyzovat	[analɪzovat]
argumento (m)	argument (m)	[argumɛnt]
sustancia (f) (materia)	látka (ž)	[laːtka]

hipótesis (f)	hypotéza (ž)	[hɪpotɛːza]
dilema (m)	dilema (s)	[dɪlɛma]
tesis (f) de grado	disertace (ž)	[dɪsɛrtatsɛ]
dogma (m)	dogma (s)	[dogma]

doctrina (f)	doktrína (ž)	[doktriːna]
investigación (f)	výzkum (m)	[viːskum]
investigar (vt)	zkoumat	[skoumat]
prueba (f)	kontrola (ž)	[kontrola]
laboratorio (m)	laboratoř (ž)	[laboratorʃ]

método (m)	metoda (ž)	[mɛtoda]
molécula (f)	molekula (ž)	[molɛkula]
seguimiento (m)	monitorování (s)	[monɪtorovaːniː]
descubrimiento (m)	objev (m)	[objɛf]

postulado (m)	postulát (m)	[postulaːt]
principio (m)	princip (m)	[prɪntsɪp]
pronóstico (m)	prognóza (ž)	[prognoːza]
pronosticar (vt)	předpovídat	[prʒɛtpoviːdat]

síntesis (f)	syntéza (ž)	[sintɛːza]
tendencia (f)	tendence (ž)	[tɛndɛntsɛ]
teorema (m)	teorém (s)	[tɛorɛːm]

enseñanzas (f pl)	nauka (ž)	[nauka]
hecho (m)	fakt (m)	[fakt]
expedición (f)	výprava (ž)	[viːprava]
experimento (m)	experiment (m)	[ɛkspɛrɪmɛnt]

académico (m)	akademik (m)	[akadɛmɪk]
bachiller (m)	bakalář (m)	[bakalaːrʃ]
doctorado (m)	doktor (m)	[doktor]
docente (m)	docent (m)	[dotsɛnt]
Master (m) (~ en Letras)	magistr (m)	[magɪstr]
profesor (m)	profesor (m)	[profɛsor]

Las profesiones y los oficios

85. La búsqueda de trabajo. El despido

trabajo (m)	práce (ž)	[praːtsɛ]
personal (m)	personál (m)	[pɛrsonaːl]
carrera (f)	kariéra (ž)	[karɪeːra]
perspectiva (f)	vyhlídky (ž mn)	[vɪhliːtkɪ]
maestría (f)	dovednost (ž)	[dovɛdnost]
selección (f)	výběr (m)	[viːber]
agencia (f) de empleo	kádrová kancelář (ž)	[kaːdrovaː kantsɛlaːrʃ]
curriculum vitae (m)	resumé (s)	[rɛzimɛː]
entrevista (f)	pohovor (m)	[pohovor]
vacancia (f)	neobsazené místo (s)	[nɛopsazɛnɛː miːsto]
salario (m)	plat (m), mzda (ž)	[plat], [mzda]
salario (m) fijo	stálý plat (m)	[staːliː plat]
remuneración (f)	platba (ž)	[platba]
puesto (m) (trabajo)	funkce (ž)	[fuŋktsɛ]
deber (m)	povinnost (ž)	[povɪnnost]
gama (f) de deberes	okruh (m)	[okrux]
ocupado (adj)	zaměstnaný	[zamnestnaniː]
despedir (vt)	propustit	[propustɪt]
despido (m)	propuštění (s)	[propuʃteniː]
desempleo (m)	nezaměstnanost (ž)	[nɛzamnestnanost]
desempleado (m)	nezaměstnaný (m)	[nɛzamnestnaniː]
jubilación (f)	důchod (m)	[duːxot]
jubilarse	odejít do důchodu	[odɛjiːt do duːxodu]

86. Los negociantes

director (m)	ředitel (m)	[rʒedɪtɛl]
gerente (m)	správce (m)	[spraːvtsɛ]
jefe (m)	šéf (m)	[ʃɛːf]
superior (m)	vedoucí (m)	[vɛdoutsiː]
superiores (m pl)	vedení (s)	[vɛdɛniː]
presidente (m)	prezident (m)	[prɛzɪdɛnt]
presidente (m) (de compañía)	předseda (m)	[prʃɛtsɛda]
adjunto (m)	náměstek (m)	[naːmnestɛk]
asistente (m)	pomocník (m)	[pomotsniːk]
secretario, -a (m, f)	sekretář (m)	[sɛkrɛtaːrʃ]

T&P Books. Vocabulario Español-Checo - 5000 palabras más usadas

secretario (m) particular	osobní sekretář (m)	[osobni: sɛkrɛta:rʃ]
hombre (m) de negocios	byznysmen (m)	[bɪznɪsmen]
emprendedor (m)	podnikatel (m)	[podnɪkatɛl]
fundador (m)	zakladatel (m)	[zakladatɛl]
fundar (vt)	založit	[zaloʒɪt]

institutor (m)	zakladatel (m)	[zakladatɛl]
socio (m)	partner (m)	[partnɛr]
accionista (m)	akcionář (m)	[aktsɪona:rʃ]

millonario (m)	milionář (m)	[mɪlɪona:rʃ]
multimillonario (m)	miliardář (m)	[mɪlɪarda:rʃ]
propietario (m)	majitel (m)	[majɪtɛl]
terrateniente (m)	vlastník (m) půdy	[vlastni:k pu:dɪ]

cliente (m)	klient (m)	[klɪent]
cliente (m) habitual	stálý zákazník (m)	[sta:li: za:kazni:k]
comprador (m)	zákazník (m)	[za:kazni:k]
visitante (m)	návštěvník (m)	[na:vʃtevni:k]

profesional (m)	profesionál (m)	[profɛsɪona:l]
experto (m)	znalec (m)	[znalɛts]
especialista (m)	odborník (m)	[odborni:k]

banquero (m)	bankéř (m)	[baŋkɛ:rʃ]
broker (m)	broker (m)	[brokɛr]

cajero (m)	pokladník (m)	[pokladni:k]
contable (m)	účetní (m, ž)	[u:tʃetni:]
guardia (m) de seguridad	strážce (m)	[stra:ʒtsɛ]

inversionista (m)	investor (m)	[ɪnvɛstor]
deudor (m)	dlužník (m)	[dluʒni:k]
acreedor (m)	věřitel (m)	[verʒɪtɛl]
prestatario (m)	vypůjčovatel (m)	[vɪpu:jtʃovatɛl]

importador (m)	dovozce (m)	[dovoztsɛ]
exportador (m)	vývozce (m)	[vi:voztsɛ]

productor (m)	výrobce (m)	[vi:robtsɛ]
distribuidor (m)	distributor (m)	[dɪstrɪbutor]
intermediario (m)	zprostředkovatel (m)	[sprostrʃɛtkovatɛl]

asesor (m) (~ fiscal)	konzultant (m)	[konzultant]
representante (m)	zástupce (m)	[za:stuptsɛ]
agente (m)	agent (m)	[agɛnt]
agente (m) de seguros	pojišťovací agent (m)	[pojɪʃtʲovatsi: agɛnt]

87. Los trabajos de servicio

cocinero (m)	kuchař (m)	[kuxarʃ]
jefe (m) de cocina	šéfkuchař (m)	[ʃɛ:f kuxarʃ]
panadero (m)	pekař (m)	[pɛkarʃ]
barman (m)	barman (m)	[barman]

| camarero (m) | číšník (m) | [tʃiːʃniːk] |
| camarera (f) | číšnice (ž) | [tʃiːʃnɪtsɛ] |

abogado (m)	advokát (m)	[advokaːt]
jurista (m)	právník (m)	[praːvniːk]
notario (m)	notář (m)	[notaːrʃ]

electricista (m)	elektromontér (m)	[ɛlɛktromontɛːr]
fontanero (m)	instalatér (m)	[ɪnstalatɛːr]
carpintero (m)	tesař (m)	[tɛsarʃ]

masajista (m)	masér (m)	[masɛːr]
masajista (f)	masérka (ž)	[masɛːrka]
médico (m)	lékař (m)	[lɛːkarʃ]

taxista (m)	taxikář (m)	[taksɪkaːrʃ]
chofer (m)	řidič (m)	[rʒɪdɪtʃ]
repartidor (m)	kurýr (m)	[kuriːr]

camarera (f)	pokojská (ž)	[pokojskaː]
guardia (m) de seguridad	strážce (m)	[straːʒtsɛ]
azafata (f)	letuška (ž)	[lɛtuʃka]

profesor (m) (~ de baile, etc.)	učitel (m)	[utʃɪtɛl]
bibliotecario (m)	knihovník (m)	[knɪhovniːk]
traductor (m)	překladatel (m)	[prʃɛkladatɛl]
intérprete (m)	tlumočník (m)	[tlumotʃniːk]
guía (m)	průvodce (m)	[pruːvodtsɛ]

peluquero (m)	holič (m), kadeřník (m)	[holɪtʃ], [kadɛrʒniːk]
cartero (m)	listonoš (m)	[lɪstonoʃ]
vendedor (m)	prodavač (m)	[prodavatʃ]

jardinero (m)	zahradník (m)	[zahradniːk]
servidor (m)	sluha (m)	[sluha]
criada (f)	služka (ž)	[sluʃka]
mujer (f) de la limpieza	uklízečka (ž)	[ukliːzɛtʃka]

88. La profesión militar y los rangos

soldado (m) raso	vojín (m)	[vojiːn]
sargento (m)	seržant (m)	[sɛrʒant]
teniente (m)	poručík (m)	[porutʃiːk]
capitán (m)	kapitán (m)	[kapɪtaːn]

mayor (m)	major (m)	[major]
coronel (m)	plukovník (m)	[plukovniːk]
general (m)	generál (m)	[gɛnɛraːl]
mariscal (m)	maršál (m)	[marʃaːl]
almirante (m)	admirál (m)	[admɪraːl]

militar (m)	voják (m)	[vojaːk]
soldado (m)	voják (m)	[vojaːk]
oficial (m)	důstojník (m)	[duːstojniːk]

comandante (m)	velitel (m)	[vɛlɪtɛl]
guardafronteras (m)	pohraničník (m)	[pohranɪtʃni:k]
radio-operador (m)	radista (m)	[radɪsta]
explorador (m)	rozvědčík (m)	[rozvedtʃi:k]
zapador (m)	ženista (m)	[ʒenɪsta]
tirador (m)	střelec (m)	[strʃɛlɛts]
navegador (m)	navigátor (m)	[navɪga:tor]

89. Los oficiales. Los sacerdotes

| rey (m) | král (m) | [kra:l] |
| reina (f) | královna (ž) | [kra:lovna] |

| príncipe (m) | princ (m) | [prɪnts] |
| princesa (f) | princezna (ž) | [prɪntsɛzna] |

| zar (m) | car (m) | [tsar] |
| zarina (f) | carevna (ž) | [tsarɛvna] |

presidente (m)	prezident (m)	[prɛzɪdɛnt]
ministro (m)	ministr (m)	[mɪnɪstr]
primer ministro (m)	premiér (m)	[prɛmje:r]
senador (m)	senátor (m)	[sɛna:tor]

diplomático (m)	diplomat (m)	[dɪplomat]
cónsul (m)	konzul (m)	[konzul]
embajador (m)	velvyslanec (m)	[vɛlvɪslanɛts]
consejero (m)	rada (m)	[rada]

funcionario (m)	úředník (m)	[u:rʒɛdni:k]
prefecto (m)	prefekt (m)	[prɛfɛkt]
alcalde (m)	primátor (m)	[prɪma:tor]

| juez (m) | soudce (m) | [soudtsɛ] |
| fiscal (m) | prokurátor (m) | [prokura:tor] |

misionero (m)	misionář (m)	[mɪsɪona:rʃ]
monje (m)	mnich (m)	[mnɪx]
abad (m)	opat (m)	[opat]
rabino (m)	rabín (m)	[rabi:n]

visir (m)	vezír (m)	[vɛzi:r]
sha (m)	šach (m)	[ʃax]
jeque (m)	šejk (m)	[ʃɛjk]

90. Las profesiones agrícolas

apicultor (m)	včelař (m)	[vtʃɛlarʃ]
pastor (m)	pasák (m)	[pasa:k]
agrónomo (m)	agronom (m)	[agronom]
ganadero (m)	chovatel (m)	[xovatɛl]
veterinario (m)	zvěrolékař (m)	[zverolɛ:karʃ]

granjero (m)	farmář (m)	[farma:rʃ]
vinicultor (m)	vinař (m)	[vɪnarʃ]
zoólogo (m)	zoolog (m)	[zoolog]
vaquero (m)	kovboj (m)	[kovboj]

91. Las profesiones artísticas

actor (m)	herec (m)	[hɛrɛts]
actriz (f)	herečka (ž)	[hɛrɛtʃka]
cantante (m)	zpěvák (m)	[speva:k]
cantante (f)	zpěvačka (ž)	[spevatʃka]
bailarín (m)	tanečník (m)	[tanɛtʃni:k]
bailarina (f)	tanečnice (ž)	[tanɛtʃnɪtsɛ]
artista (m)	herec (m)	[hɛrɛts]
artista (f)	herečka (ž)	[hɛrɛtʃka]
músico (m)	hudebník (m)	[hudɛbni:k]
pianista (m)	klavírista (m)	[klavi:rɪsta]
guitarrista (m)	kytarista (m)	[kɪtarɪsta]
director (m) de orquesta	dirigent (m)	[dɪrɪgɛnt]
compositor (m)	skladatel (m)	[skladatɛl]
empresario (m)	impresário (m)	[ɪmprɛsa:rɪo]
director (m) de cine	režisér (m)	[rɛʒɪsɛ:r]
productor (m)	filmový producent (m)	[fɪlmoviː produtsɛnt]
guionista (m)	scenárista (m)	[stsɛna:rɪsta]
crítico (m)	kritik (m)	[krɪtɪk]
escritor (m)	spisovatel (m)	[spɪsovatɛl]
poeta (m)	básník (m)	[ba:sni:k]
escultor (m)	sochař (m)	[soxarʃ]
pintor (m)	malíř (m)	[mali:rʃ]
malabarista (m)	žonglér (m)	[ʒonglɛ:r]
payaso (m)	klaun (m)	[klaun]
acróbata (m)	akrobat (m)	[akrobat]
ilusionista (m)	kouzelník (m)	[kouzɛlni:k]

92. Profesiones diversas

médico (m)	lékař (m)	[lɛ:karʃ]
enfermera (f)	zdravotní sestra (ž)	[zdravotni: sɛstra]
psiquiatra (m)	psychiatr (m)	[psɪxɪatr]
dentista (m)	stomatolog (m)	[stomatolog]
cirujano (m)	chirurg (m)	[xɪrurg]
astronauta (m)	astronaut (m)	[astronaut]
astrónomo (m)	astronom (m)	[astronom]

conductor (m) (chófer)	řidič (m)	[rʒɪdɪtʃ]
maquinista (m)	strojvůdce (m)	[strojvuːdtsɛ]
mecánico (m)	mechanik (m)	[mɛxanɪk]
minero (m)	horník (m)	[horniːk]
obrero (m)	dělník (m)	[delniːk]
cerrajero (m)	zámečník (m)	[zaːmɛtʃniːk]
carpintero (m)	truhlář (m)	[truhlaːrʃ]
tornero (m)	soustružník (m)	[soustruʒniːk]
albañil (m)	stavitel (m)	[stavɪtɛl]
soldador (m)	svářeč (m)	[svaːrʒɛtʃ]
profesor (m) (título)	profesor (m)	[profɛsor]
arquitecto (m)	architekt (m)	[arxɪtɛkt]
historiador (m)	historik (m)	[hɪstorɪk]
científico (m)	vědec (m)	[vedɛts]
físico (m)	fyzik (m)	[fɪzɪk]
químico (m)	chemik (m)	[xɛmɪk]
arqueólogo (m)	archeolog (m)	[arxɛolog]
geólogo (m)	geolog (m)	[gɛolog]
investigador (m)	výzkumník (m)	[viːskumniːk]
niñera (f)	chůva (ž)	[xuːva]
pedagogo (m)	pedagog (m)	[pɛdagog]
redactor (m)	redaktor (m)	[rɛdaktor]
redactor jefe (m)	šéfredaktor (m)	[ʃɛːfrɛdaktor]
corresponsal (m)	zpravodaj (m)	[spravodaj]
mecanógrafa (f)	písařka (ž)	[piːsarʃka]
diseñador (m)	návrhář (m)	[naːvrhaːrʃ]
especialista (m) en ordenadores	odborník (m) na počítače	[odborniːk na potʃiːtatʃɛ]
programador (m)	programátor (m)	[programaːtor]
ingeniero (m)	inženýr (m)	[ɪnʒeniːr]
marino (m)	námořník (m)	[naːmorʒniːk]
marinero (m)	námořník (m)	[naːmorʒniːk]
socorrista (m)	záchranář (m)	[zaːxranaːrʃ]
bombero (m)	hasič (m)	[hasɪtʃ]
policía (m)	policista (m)	[polɪtsɪsta]
vigilante (m) nocturno	hlídač (m)	[hliːdatʃ]
detective (m)	detektiv (m)	[dɛtɛktɪf]
aduanero (m)	celník (m)	[tsɛlniːk]
guardaespaldas (m)	osobní strážce (m)	[osobniː straːʒtsɛ]
guardia (m) de prisiones	dozorce (m)	[dozortsɛ]
inspector (m)	inspektor (m)	[ɪnspɛktor]
deportista (m)	sportovec (m)	[sportovɛts]
entrenador (m)	trenér (m)	[trɛnɛːr]
carnicero (m)	řezník (m)	[rʒɛzniːk]
zapatero (m)	obuvník (m)	[obuvniːk]
comerciante (m)	obchodník (m)	[obxodniːk]

cargador (m)	nakládač (m)	[nakla:datʃ]
diseñador (m) de modas	modelář (m)	[modɛla:rʃ]
modelo (f)	modelka (ž)	[modɛlka]

93. Los trabajos. El estatus social

| escolar (m) | žák (m) | [ʒa:k] |
| estudiante (m) | student (m) | [studɛnt] |

filósofo (m)	filozof (m)	[fɪlozof]
economista (m)	ekonom (m)	[ɛkonom]
inventor (m)	vynálezce (m)	[vɪna:lɛzʦɛ]

desempleado (m)	nezaměstnaný (m)	[nɛzamnestnani:]
jubilado (m)	důchodce (m)	[du:xodʦɛ]
espía (m)	špión (m)	[ʃpɪo:n]

prisionero (m)	vězeň (m)	[vezɛnʲ]
huelguista (m)	stávkující (m)	[sta:fkuji:ʦi:]
burócrata (m)	byrokrat (m)	[bɪrokrat]
viajero (m)	cestovatel (m)	[ʦɛstovatɛl]

| homosexual (m) | homosexuál (m) | [homosɛksua:l] |
| hacker (m) | hacker (m) | [hɛkr] |

bandido (m)	bandita (m)	[bandɪta]
sicario (m)	najatý vrah (m)	[najati: vrax]
drogadicto (m)	narkoman (m)	[narkoman]
narcotraficante (m)	drogový dealer (m)	[drogovi: di:lɛr]
prostituta (f)	prostitutka (ž)	[prostɪtutka]
chulo (m), proxeneta (m)	kuplíř (m)	[kupli:rʃ]

brujo (m)	čaroděj (m)	[tʃarodej]
bruja (f)	čarodějka (ž)	[tʃarodejka]
pirata (m)	pirát (m)	[pɪra:t]
esclavo (m)	otrok (m)	[otrok]
samurai (m)	samuraj (m)	[samuraj]
salvaje (m)	divoch (m)	[dɪvox]

La educación

94. La escuela

escuela (f)	škola (ž)	[ʃkola]
director (m) de escuela	ředitel (m) školy	[rʒɛdɪtɛl ʃkolɪ]
alumno (m)	žák (m)	[ʒa:k]
alumna (f)	žákyně (ž)	[ʒa:kɪnɛ]
escolar (m)	žák (m)	[ʒa:k]
escolar (f)	žákyně (ž)	[ʒa:kɪnɛ]
enseñar (vt)	učit	[utʃɪt]
aprender (ingles, etc.)	učit se	[utʃɪt sɛ]
aprender de memoria	učit se nazpaměť	[utʃɪt sɛ naspamnetʲ]
aprender (a leer, etc.)	učit se	[utʃɪt sɛ]
estar en la escuela	chodí za školu	[xodi: za ʃkolu]
ir a la escuela	jít do školy	[ji:t do ʃkolɪ]
alfabeto (m)	abeceda (ž)	[abɛtsɛda]
materia (f)	předmět (m)	[prʃɛdmnet]
aula (f)	třída (ž)	[trʃi:da]
lección (f)	hodina (ž)	[hodɪna]
recreo (m)	přestávka (ž)	[prʃɛsta:fka]
campana (f)	zvonění (s)	[zvoneni:]
pupitre (m)	školní lavice (ž)	[ʃkolni: lavɪtsɛ]
pizarra (f)	tabule (ž)	[tabulɛ]
nota (f)	známka (ž)	[zna:mka]
buena nota (f)	dobrá známka (ž)	[dobra: zna:mka]
mala nota (f)	špatná známka (ž)	[ʃpatna: zna:mka]
poner una nota	dávat známku	[da:vat zna:mku]
falta (f)	chyba (ž)	[xɪba]
hacer faltas	dělat chyby	[delat xɪbɪ]
corregir (un error)	opravovat	[opravovat]
chuleta (f)	tahák (m)	[taha:k]
deberes (m pl) de casa	domácí úloha (ž)	[doma:tsi: u:loha]
ejercicio (m)	cvičení (s)	[tsvɪtʃɛni:]
estar presente	být přítomen	[bi:t prʃi:tomɛn]
estar ausente	chybět	[xɪbet]
castigar (vt)	trestat	[trɛstat]
castigo (m)	trest (m)	[trɛst]
conducta (f)	chování (s)	[xova:ni:]
libreta (f) de notas	žákovská knížka (ž)	[ʒa:kovska: kni:ʃka]

86

lápiz (m)	tužka (ž)	[tuʃka]
goma (f) de borrar	guma (ž)	[guma]
tiza (f)	křída (ž)	[krʃi:da]
cartuchera (f)	penál (m)	[pɛna:l]

mochila (f)	brašna (ž)	[braʃna]
bolígrafo (m)	pero (s)	[pɛro]
cuaderno (m)	sešit (m)	[sɛʃɪt]

manual (m)	učebnice (ž)	[utʃɛbnɪtsɛ]
compás (m)	kružidlo (s)	[kruʒɪdlo]

trazar (vi, vt)	rýsovat	[ri:sovat]
dibujo (m) técnico	výkres (m)	[vi:krɛs]

poema (m), poesía (f)	báseň (ž)	[ba:sɛnʲ]
de memoria (adv)	nazpaměť	[naspamnetʲ]
aprender de memoria	učit se nazpaměť	[utʃɪt sɛ naspamnetʲ]

vacaciones (f pl)	prázdniny (ž mn)	[pra:zdnɪnɪ]
estar de vacaciones	mít prázdniny	[mi:t pra:zdnɪnɪ]

prueba (f) escrita	písemka (ž)	[pi:sɛmka]
composición (f)	sloh (m)	[slox]
dictado (m)	diktát (m)	[dɪkta:t]

examen (m)	zkouška (ž)	[skouʃka]
hacer un examen	dělat zkoušky	[delat skouʃkɪ]
experimento (m)	pokus (m)	[pokus]

95. Los institutos. La Universidad

academia (f)	akademie (ž)	[akadɛmɪe]
universidad (f)	univerzita (ž)	[unɪvɛrzɪta]
facultad (f)	fakulta (ž)	[fakulta]

estudiante (m)	student (m)	[studɛnt]
estudiante (f)	studentka (ž)	[studɛntka]
profesor (m)	vyučující (m)	[vɪutʃuji:tsi:]

aula (f)	posluchárna (ž)	[posluxa:rna]
graduado (m)	absolvent (m)	[apsolvɛnt]

diploma (m)	diplom (m)	[dɪplom]
tesis (f) de grado	disertace (ž)	[dɪsɛrtatsɛ]

estudio (m)	bádání (s)	[ba:da:ni:]
laboratorio (m)	laboratoř (ž)	[laboratorʃ]

clase (f)	přednáška (ž)	[prʃɛdna:ʃka]
compañero (m) de curso	spolužák (m)	[spoluʒa:k]

beca (f)	stipendium (s)	[stɪpɛndɪum]
grado (m) académico	akademická hodnost (ž)	[akadɛmɪtska: hodnost]

96. Las ciencias. Las disciplinas

matemáticas (f pl)	matematika (ž)	[matɛmatɪka]
álgebra (f)	algebra (ž)	[alɡɛbra]
geometría (f)	geometrie (ž)	[ɡɛomɛtrɪe]
astronomía (f)	astronomie (ž)	[astronomɪe]
biología (f)	biologie (ž)	[bɪoloɡɪe]
geografía (f)	zeměpis (m)	[zɛmnepɪs]
geología (f)	geologie (ž)	[ɡɛoloɡɪe]
historia (f)	historie (ž)	[hɪstorɪe]
medicina (f)	lékařství (s)	[lɛːkarʃstviː]
pedagogía (f)	pedagogika (ž)	[pɛdaɡoɡɪka]
derecho (m)	právo (s)	[praːvo]
física (f)	fyzika (ž)	[fɪzɪka]
química (f)	chemie (ž)	[xɛmɪe]
filosofía (f)	filozofie (ž)	[fɪlozofɪe]
psicología (f)	psychologie (ž)	[psɪxoloɡɪe]

97. Los sistemas de escritura. La ortografía

gramática (f)	mluvnice (ž)	[mluvnɪtsɛ]
vocabulario (m)	slovní zásoba (ž)	[slovniː zaːsoba]
fonética (f)	hláskosloví (s)	[hlaːskosloviː]
sustantivo (m)	podstatné jméno (s)	[potstaːtnɛː jmɛːno]
adjetivo (m)	přídavné jméno (s)	[prʃiːdavnɛː jmɛːno]
verbo (m)	sloveso (s)	[slovɛso]
adverbio (m)	příslovce (s)	[prʃiːslovtsɛ]
pronombre (m)	zájmeno (s)	[zaːjmɛno]
interjección (f)	citoslovce (s)	[tsɪtoslovtsɛ]
preposición (f)	předložka (ž)	[prʃɛdloʃka]
raíz (f), radical (m)	slovní základ (m)	[slovniː zaːklat]
desinencia (f)	koncovka (ž)	[kontsofka]
prefijo (m)	předpona (ž)	[prʃɛtpona]
sílaba (f)	slabika (ž)	[slabɪka]
sufijo (m)	přípona (ž)	[prʃiːpona]
acento (m)	přízvuk (m)	[prʃiːzvuk]
apóstrofo (m)	odsuvník (m)	[otsuvniːk]
punto (m)	tečka (ž)	[tɛtʃka]
coma (f)	čárka (ž)	[tʃaːrka]
punto y coma	středník (m)	[strʃɛdniːk]
dos puntos (m pl)	dvojtečka (ž)	[dvojtɛtʃka]
puntos (m pl) suspensivos	tři tečky (ž mn)	[trʃɪ tɛtʃkɪ]
signo (m) de interrogación	otazník (m)	[otazniːk]
signo (m) de admiración	vykřičník (m)	[vɪkrʃɪtʃniːk]

comillas (f pl)	uvozovky (ž mn)	[uvozofkɪ]
entre comillas	v uvozovkách	[f uvozofka:x]
paréntesis (m)	závorky (ž mn)	[za:vorkɪ]
entre paréntesis	v závorkách	[v za:vorkax]
guión (m)	spojovník (m)	[spojovni:k]
raya (f)	pomlčka (ž)	[pomltʃka]
blanco (m)	mezera (ž)	[mɛzɛra]
letra (f)	písmeno (s)	[pi:smɛno]
letra (f) mayúscula	velké písmeno (s)	[vɛlkɛ: pi:smɛno]
vocal (f)	samohláska (ž)	[samohla:ska]
consonante (m)	souhláska (ž)	[souhla:ska]
oración (f)	věta (ž)	[veta]
sujeto (m)	podmět (m)	[podmnet]
predicado (m)	přísudek (m)	[prʃi:sudɛk]
línea (f)	řádek (m)	[rʒa:dɛk]
en una nueva línea	z nového řádku	[z novɛ:ho rʒa:tku]
párrafo (m)	odstavec (m)	[otstavɛts]
palabra (f)	slovo (s)	[slovo]
combinación (f) de palabras	slovní spojení (s)	[slovni: spojɛni:]
expresión (f)	výraz (m)	[vi:raz]
sinónimo (m)	synonymum (s)	[sɪnonɪmum]
antónimo (m)	antonymum (s)	[antonɪmum]
regla (f)	pravidlo (s)	[pravɪdlo]
excepción (f)	výjimka (ž)	[vi:jɪmka]
correcto (adj)	správný	[spra:vni:]
conjugación (f)	časování (s)	[tʃasova:ni:]
declinación (f)	skloňování (s)	[sklonʲova:ni:]
caso (m)	pád (m)	[pa:t]
pregunta (f)	otázka (ž)	[ota:ska]
subrayar (vt)	podtrhnout	[podtrhnout]
línea (f) de puntos	tečkování (s)	[tɛtʃkova:ni:]

98. Los idiomas extranjeros

lengua (f)	jazyk (m)	[jazɪk]
lengua (f) extranjera	cizí jazyk (m)	[tsɪzi: jazɪk]
estudiar (vt)	studovat	[studovat]
aprender (ingles, etc.)	učit se	[utʃɪt sɛ]
leer (vi, vt)	číst	[tʃi:st]
hablar (vi, vt)	mluvit	[mluvɪt]
comprender (vt)	rozumět	[rozumnet]
escribir (vt)	psát	[psa:t]
rápidamente (adv)	rychle	[rɪxlɛ]
lentamente (adv)	pomalu	[pomalu]

89

T&P Books. Vocabulario Español-Checo - 5000 palabras más usadas

con fluidez (adv)	plynně	[plɪnne]
reglas (f pl)	pravidla (s mn)	[pravɪdla]
gramática (f)	mluvnice (ž)	[mluvnɪtsɛ]
vocabulario (m)	slovní zásoba (ž)	[slovni: za:soba]
fonética (f)	hláskosloví (s)	[hla:skoslovi:]
manual (m)	učebnice (ž)	[utʃɛbnɪtsɛ]
diccionario (m)	slovník (m)	[slovni:k]
manual (m) autodidáctico	učebnice (ž) pro samouky	[utʃɛbnɪtsɛ pro samoukɪ]
guía (f) de conversación	konverzace (ž)	[konvɛrzatsɛ]
casete (m)	kazeta (ž)	[kazɛta]
videocasete (f)	videokazeta (ž)	[vɪdɛokazɛta]
disco compacto, CD (m)	CD disk (m)	[tsɛ:dɛ: dɪsk]
DVD (m)	DVD (s)	[dɛvɛdɛ]
alfabeto (m)	abeceda (ž)	[abɛtsɛda]
deletrear (vt)	hláskovat	[hla:skovat]
pronunciación (f)	výslovnost (ž)	[vi:slovnost]
acento (m)	cizí přízvuk (m)	[tsɪzi: prʃi:zvuk]
con acento	s cizím přízvukem	[s tsɪzi:m prʃi:zvukɛm]
sin acento	bez cizího přízvuku	[bɛz tsɪzi:ho prʃi:zvuku]
palabra (f)	slovo (s)	[slovo]
significado (m)	smysl (m)	[smɪsl]
cursos (m pl)	kurzy (m mn)	[kurzɪ]
inscribirse (vr)	zapsat se	[zapsat sɛ]
profesor (m) (~ de inglés)	vyučující (m)	[vɪutʃuji:tsi:]
traducción (f) (proceso)	překlad (m)	[prʃɛklat]
traducción (f) (texto)	překlad (m)	[prʃɛklat]
traductor (m)	překladatel (m)	[prʃɛkladatɛl]
intérprete (m)	tlumočník (m)	[tlumotʃni:k]
políglota (m)	polyglot (m)	[polɪglot]
memoria (f)	paměť (ž)	[pamnetʲ]

El descanso. El entretenimiento. El viaje

99. Las vacaciones. El viaje

turismo (m)	turistika (ž)	[turɪstɪka]
turista (m)	turista (m)	[turɪsta]
viaje (m)	cestování (s)	[tsɛstovaːniː]
aventura (f)	příhoda (ž)	[prʃiːhoda]
viaje (m) (p.ej. ~ en coche)	cesta (ž)	[tsɛsta]
vacaciones (f pl)	dovolená (ž)	[dovolɛnaː]
estar de vacaciones	mít dovolenou	[miːt dovolɛnou]
descanso (m)	odpočinek (m)	[otpotʃɪnɛk]
tren (m)	vlak (m)	[vlak]
en tren	vlakem	[vlakɛm]
avión (m)	letadlo (s)	[lɛtadlo]
en avión	letadlem	[lɛtadlɛm]
en coche	autem	[autɛm]
en barco	lodí	[lodiː]
equipaje (m)	zavazadla (s mn)	[zavazadla]
maleta (f)	kufr (m)	[kufr]
carrito (m) de equipaje	vozík (m) na zavazadla	[voziːk na zavazadla]
pasaporte (m)	pas (m)	[pas]
visado (m)	vízum (s)	[viːzum]
billete (m)	jízdenka (ž)	[jiːzdɛŋka]
billete (m) de avión	letenka (ž)	[lɛtɛŋka]
guía (f) (libro)	průvodce (m)	[pruːvodtsɛ]
mapa (m)	mapa (ž)	[mapa]
área (f) (~ rural)	krajina (ž)	[krajɪna]
lugar (m)	místo (s)	[miːsto]
exotismo (m)	exotika (ž)	[ɛgzotɪka]
exótico (adj)	exotický	[ɛgzotɪtskiː]
asombroso (adj)	podivuhodný	[podɪvuhodniː]
grupo (m)	skupina (ž)	[skupɪna]
excursión (f)	výlet (m)	[viːlɛt]
guía (m) (persona)	průvodce (m)	[pruːvodtsɛ]

100. El hotel

hotel (m)	hotel (m)	[hotɛl]
motel (m)	motel (m)	[motɛl]
de tres estrellas	tři hvězdy	[trʃɪ hvɛzdɪ]

| de cinco estrellas | pět hvězd | [pet hvezt] |
| hospedarse (vr) | ubytovat se | [ubɪtovat sɛ] |

habitación (f)	pokoj (m)	[pokoj]
habitación (f) individual	jednolůžkový pokoj (m)	[jɛdnolu:ʃkovi: pokoj]
habitación (f) doble	dvoulůžkový pokoj (m)	[dvoulu:ʃkovi: pokoj]
reservar una habitación	rezervovat pokoj	[rɛzɛrvovat pokoj]

| media pensión (f) | polopenze (ž) | [polopɛnzɛ] |
| pensión (f) completa | plná penze (ž) | [plna: pɛnzɛ] |

con baño	s koupelnou	[s koupɛlnou]
con ducha	se sprchou	[sɛ sprxou]
televisión (f) satélite	satelitní televize (ž)	[satɛlɪtni: tɛlɛvɪzɛ]
climatizador (m)	klimatizátor (m)	[klɪmatɪza:tor]
toalla (f)	ručník (m)	[rutʃni:k]
llave (f)	klíč (m)	[kli:tʃ]

administrador (m)	recepční (m)	[rɛtsɛptʃni:]
camarera (f)	pokojská (ž)	[pokojska:]
maletero (m)	nosič (m)	[nosɪtʃ]
portero (m)	vrátný (m)	[vra:tni:]

restaurante (m)	restaurace (ž)	[rɛstauratsɛ]
bar (m)	bar (m)	[bar]
desayuno (m)	snídaně (ž)	[sni:dane]
cena (f)	večeře (ž)	[vɛtʃɛrʒɛ]
buffet (m) libre	obložený stůl (m)	[oblo ʒeni: stu:l]

| vestíbulo (m) | vstupní hala (ž) | [vstupni: hala] |
| ascensor (m) | výtah (m) | [vi:tax] |

| NO MOLESTAR | NERUŠIT | [nɛruʃɪt] |
| PROHIBIDO FUMAR | ZÁKAZ KOUŘENÍ | [za:kaz kourʒɛni:] |

EL EQUIPO TÉCNICO. EL TRANSPORTE

El equipo técnico

101. El computador

ordenador (m)	počítač (m)	[potʃi:tatʃ]
ordenador (m) portátil	notebook (m)	[noutbu:k]
encender (vt)	zapnout	[zapnout]
apagar (vt)	vypnout	[vɪpnout]
teclado (m)	klávesnice (ž)	[kla:vɛsnɪtsɛ]
tecla (f)	klávesa (ž)	[kla:vɛsa]
ratón (m)	myš (ž)	[mɪʃ]
alfombrilla (f) para ratón	podložka (ž) pro myš	[podloʃka pro mɪʃ]
botón (m)	tlačítko (s)	[tlatʃi:tko]
cursor (m)	kurzor (m)	[kurzor]
monitor (m)	monitor (m)	[monɪtor]
pantalla (f)	obrazovka (ž)	[obrazofka]
disco (m) duro	pevný disk (m)	[pɛvni: dɪsk]
volumen (m) de disco duro	rozměr (m) disku	[rozmner dɪsku]
memoria (f)	paměť (ž)	[pamnetʲ]
memoria (f) operativa	operační paměť (ž)	[opɛratʃni: pamnetʲ]
archivo, fichero (m)	soubor (m)	[soubor]
carpeta (f)	složka (ž)	[sloʃka]
abrir (vt)	otevřít	[otɛvrʒi:t]
cerrar (vt)	zavřít	[zavrʒi:t]
guardar (un archivo)	uložit	[uloʒɪt]
borrar (vt)	vymazat	[vɪmazat]
copiar (vt)	zkopírovat	[skopi:rovat]
ordenar (vt) (~ de A a Z, etc.)	uspořádat	[usporʒa:dat]
transferir (vt)	zkopírovat	[skopi:rovat]
programa (m)	program (m)	[program]
software (m)	programové vybavení (s)	[programovɛ: vɪbavɛni:]
programador (m)	programátor (m)	[programa:tor]
programar (vt)	programovat	[programovat]
hacker (m)	hacker (m)	[hɛkr]
contraseña (f)	heslo (s)	[hɛslo]
virus (m)	virus (m)	[vɪrus]
detectar (vt)	zjistit	[zjɪstɪt]
octeto, byte (m)	byte (m)	[bajt]

megaocteto (m) | megabyte (m) | [mɛgabajt]
datos (m pl) | data (s mn) | [data]
base (f) de datos | databáze (ž) | [databa:zɛ]

cable (m) | kabel (m) | [kabɛl]
desconectar (vt) | odpojit | [otpojɪt]
conectar (vt) | připojit | [prʃɪpojɪt]

102. El internet. El correo electrónico

internet (m), red (f) | internet (m) | [ɪntɛrnɛt]
navegador (m) | prohlížeč (m) | [prohli:ʒetʃ]
buscador (m) | vyhledávací zdroj (m) | [vɪhlɛda:vatsi: zdroj]
proveedor (m) | dodavatel (m) | [dodavatɛl]

webmaster (m) | web-master (m) | [vɛb-mastɛr]
sitio (m) web | webové stránky (ž mn) | [vɛbovɛ: stra:ŋkɪ]
página (f) web | webová stránka (ž) | [vɛbova: stra:ŋka]

dirección (f) | adresa (ž) | [adrɛsa]
libro (m) de direcciones | adresář (m) | [adrɛsa:rʃ]

buzón (m) | e-mailová schránka (ž) | [i:mɛjlova: sxra:ŋka]
correo (m) | pošta (ž) | [poʃta]

mensaje (m) | zpráva (ž) | [spra:va]
expedidor (m) | odesílatel (m) | [odɛsi:latɛl]
enviar (vt) | odeslat | [odɛslat]
envío (m) | odeslání (s) | [odɛsla:ni:]

destinatario (m) | příjemce (m) | [prʃi:jɛmtsɛ]
recibir (vt) | dostat | [dostat]

correspondencia (f) | korespondence (ž) | [korɛspondɛntsɛ]
escribirse con ... | korespondovat | [korɛspondovat]

archivo, fichero (m) | soubor (m) | [soubor]
descargar (vt) | stáhnout | [sta:hnout]
crear (vt) | vytvořit | [vɪtvorʒɪt]
borrar (vt) | vymazat | [vɪmazat]
borrado (adj) | vymazaný | [vɪmazani:]

conexión (f) (ADSL, etc.) | spojení (s) | [spojɛni:]
velocidad (f) | rychlost (ž) | [rɪxlost]
módem (m) | modem (m) | [modɛm]

acceso (m) | přístup (m) | [prʃi:stup]
puerto (m) | port (m) | [port]

conexión (f) (establecer la ~) | připojení (s) | [prʃɪpojɛni:]
conectarse a ... | připojit se | [prʃɪpojɪt sɛ]

seleccionar (vt) | vybrat | [vɪbrat]
buscar (vt) | hledat | [hlɛdat]

103. La electricidad

electricidad (f)	elektřina (ž)	[ɛlɛktrʃɪna]
eléctrico (adj)	elektrický	[ɛlɛktrɪtski:]
central (f) eléctrica	elektrárna (ž)	[ɛlɛktra:rna]
energía (f)	energie (ž)	[ɛnɛrgɪe]
energía (f) eléctrica	elektrická energie (ž)	[ɛlɛktrɪtska: ɛnɛrgɪe]
bombilla (f)	žárovka (ž)	[ʒa:rofka]
linterna (f)	baterka (ž)	[batɛrka]
farola (f)	pouliční lampa (ž)	[poulɪtʃni: lampa]
luz (f)	světlo (s)	[svetlo]
encender (vt)	zapínat	[zapi:nat]
apagar (vt)	vypínat	[vɪpi:nat]
apagar la luz	zhasnout světlo	[zhasnout svetlo]
quemarse (vr)	přepálit se	[prʃɛpa:lɪt sɛ]
circuito (m) corto	krátké spojení (s)	[kra:tkɛ: spojɛni:]
ruptura (f)	přetržení (s)	[prʃɛtrʒeni:]
contacto (m)	kontakt (m)	[kontakt]
interruptor (m)	vypínač (m)	[vɪpi:natʃ]
enchufe (m)	zásuvka (ž)	[za:sufka]
clavija (f)	zástrčka (ž)	[za:strtʃka]
alargador (m)	prodlužovák (m)	[prodluʒova:k]
fusible (m)	pojistka (ž)	[pojɪstka]
cable, hilo (m)	vodič (m)	[vodɪtʃ]
instalación (f) eléctrica	vedení (s)	[vɛdɛni:]
amperio (m)	ampér (m)	[ampɛ:r]
amperaje (m)	intenzita (ž) proudu	[ɪntɛnzɪta proudu]
voltio (m)	volt (m)	[volt]
voltaje (m)	napětí (s)	[napeti:]
aparato (m) eléctrico	elektrický přístroj (m)	[ɛlɛktrɪtski: prʃi:stroj]
indicador (m)	indikátor (m)	[ɪndɪka:tor]
electricista (m)	elektrotechnik (m)	[ɛlɛktrotɛxnɪk]
soldar (vt)	letovat	[lɛtovat]
soldador (m)	letovačka (ž)	[lɛtovatʃka]
corriente (f)	proud (m)	[prout]

104. Las herramientas

instrumento (m)	nářadí (s)	[na:rʒadi:]
instrumentos (m pl)	nástroje (m mn)	[nastrojɛ]
maquinaria (f)	zařízení (s)	[zarʒi:zɛni:]
martillo (m)	kladivo (s)	[kladɪvo]
destornillador (m)	šroubovák (m)	[ʃroubova:k]
hacha (f)	sekera (ž)	[sɛkɛra]

sierra (f)	pila (ž)	[pɪla]
serrar (vt)	řezat	[rʒɛzat]
cepillo (m)	hoblík (m)	[hobli:k]
cepillar (vt)	hoblovat	[hoblovat]
soldador (m)	letovačka (ž)	[lɛtovatʃka]
soldar (vt)	letovat	[lɛtovat]

lima (f)	pilník (m)	[pɪlni:k]
tenazas (f pl)	kleště (ž mn)	[klɛʃtɛ]
alicates (m pl)	ploché kleště (ž mn)	[ploxɛ: klɛʃtɛ]
escoplo (m)	dláto (s)	[dla:to]

broca (f)	vrták (m)	[vrta:k]
taladro (m)	svidřík (m)	[svɪdrʒi:k]
taladrar (vi, vt)	vrtat	[vrtat]

| cuchillo (m) | nůž (m) | [nu:ʃ] |
| filo (m) | čepel (ž) | [tʃɛpɛl] |

agudo (adj)	ostrý	[ostri:]
embotado (adj)	tupý	[tupi:]
embotarse (vr)	ztupit se	[stupɪt sɛ]
afilar (vt)	ostřit	[ostrʃɪt]

perno (m)	šroub (m)	[ʃroup]
tuerca (f)	matice (ž)	[matɪtsɛ]
filete (m)	závit (m)	[za:vɪt]
tornillo (m)	vrut (m)	[vrut]

| clavo (m) | hřebík (m) | [hrʒɛbi:k] |
| cabeza (f) del clavo | hlavička (ž) | [hlavɪtʃka] |

regla (f)	pravítko (s)	[pravi:tko]
cinta (f) métrica	měřicí pásmo (s)	[mnɛrʒɪtsi: pa:smo]
nivel (m) de burbuja	libela (ž)	[lɪbɛla]
lupa (f)	lupa (ž)	[lupa]

aparato (m) de medida	měřicí přístroj (m)	[mnɛrʒɪtsi: prʃi:stroj]
medir (vt)	měřit	[mnɛrʒɪt]
escala (f) (~ métrica)	stupnice (ž)	[stupnɪtsɛ]
lectura (f)	údaje (m mn)	[u:dajɛ]

| compresor (m) | kompresor (m) | [komprɛsor] |
| microscopio (m) | mikroskop (m) | [mɪkroskop] |

bomba (f) (~ de agua)	pumpa (ž)	[pumpa]
robot (m)	robot (m)	[robot]
láser (m)	laser (m)	[lɛjzr]

llave (f) de tuerca	maticový klíč (m)	[matɪtsovi: kli:tʃ]
cinta (f) adhesiva	lepicí páska (ž)	[lɛpɪtsi: pa:ska]
cola (f), pegamento (m)	lepidlo (s)	[lɛpɪdlo]

papel (m) de lija	smirkový papír (m)	[smɪrkovi: papi:r]
resorte (m)	pružina (ž)	[pruʒɪna]
imán (m)	magnet (m)	[magnɛt]

guantes (m pl)	rukavice (ž mn)	[rukavɪtsɛ]
cuerda (f)	provaz (m)	[provaz]
cordón (m)	šňůra (ž)	[ʃnu:ra]
hilo (m) (~ eléctrico)	vodič (m)	[vodɪtʃ]
cable (m)	kabel (m)	[kabɛl]

almádana (f)	palice (ž)	[palɪtsɛ]
barra (f)	sochor (m)	[soxor]
escalera (f) portátil	žebřík (m)	[ʒebrʒi:k]
escalera (f) de tijera	dvojitý žebřík (m)	[dvojɪti: ʒebrʒi:k]

atornillar (vt)	zakroutit	[zakroutɪt]
destornillar (vt)	odšroubovávat	[otʃroubova:vat]
apretar (vt)	svírat	[svi:rat]
pegar (vt)	přilepit	[prʃɪlɛpɪt]
cortar (vt)	řezat	[rʒɛzat]

fallo (m)	porucha (ž)	[poruxa]
reparación (f)	oprava (ž)	[oprava]
reparar (vt)	opravovat	[opravovat]
regular, ajustar (vt)	seřizovat	[sɛrʒɪzovat]

verificar (vt)	zkoušet	[skouʃɛt]
control (m)	kontrola (ž)	[kontrola]
lectura (f) (~ del contador)	údaj (m)	[u:daj]

| fiable (máquina) | spolehlivý | [spolɛhlɪvi:] |
| complicado (adj) | složitý | [sloʒɪti:] |

oxidarse (vr)	rezavět	[rɛzavet]
oxidado (adj)	rezavý	[rɛzavi:]
óxido (m)	rez (ž)	[rɛz]

El transporte

105. El avión

avión (m)	letadlo (s)	[lɛtadlo]
billete (m) de avión	letenka (ž)	[lɛtɛŋka]
compañía (f) aérea	letecká společnost (ž)	[lɛtɛtska: spolɛtʃnost]
aeropuerto (m)	letiště (s)	[lɛtɪʃtɛ]
supersónico (adj)	nadzvukový	[nadzvukovi:]
comandante (m)	velitel (m) posádky	[vɛlɪtɛl posa:tkɪ]
tripulación (f)	posádka (ž)	[posa:tka]
piloto (m)	pilot (m)	[pɪlot]
azafata (f)	letuška (ž)	[lɛtuʃka]
navegador (m)	navigátor (m)	[navɪga:tor]
alas (f pl)	křídla (s mn)	[krʃi:dla]
cola (f)	ocas (m)	[otsas]
cabina (f)	kabina (ž)	[kabɪna]
motor (m)	motor (m)	[motor]
tren (m) de aterrizaje	podvozek (m)	[podvozɛk]
turbina (f)	turbína (ž)	[turbi:na]
hélice (f)	vrtule (ž)	[vrtulɛ]
caja (f) negra	černá skříňka (ž)	[tʃɛrna: skrʃi:nʲka]
timón (m)	řídicí páka (ž)	[rʒi:dɪtsi: pa:ka]
combustible (m)	palivo (s)	[palɪvo]
instructivo (m) de seguridad	předpis (m)	[prʃɛtpɪs]
respirador (m) de oxígeno	kyslíková maska (ž)	[kɪsli:kova: maska]
uniforme (m)	uniforma (ž)	[unɪforma]
chaleco (m) salvavidas	záchranná vesta (ž)	[za:xranna: vɛsta]
paracaídas (m)	padák (m)	[pada:k]
despegue (m)	start (m) letadla	[start lɛtadla]
despegar (vi)	vzlétat	[vzlɛ:tat]
pista (f) de despegue	rozjezdová dráha (ž)	[rozjɛzdova: dra:ha]
visibilidad (f)	viditelnost (ž)	[vɪdɪtɛlnost]
vuelo (m)	let (m)	[lɛt]
altura (f)	výška (ž)	[vi:ʃka]
pozo (m) de aire	vzdušná jáma (ž)	[vzduʃna: jama]
asiento (m)	místo (s)	[mi:sto]
auriculares (m pl)	sluchátka (s mn)	[sluxa:tka]
mesita (f) plegable	odklápěcí stolek (m)	[otkla:pɛtsi: stolɛk]
ventana (f)	okénko (s)	[okɛ:ŋko]
pasillo (m)	chodba (ž)	[xodba]

106. El tren

tren (m)	vlak (m)	[vlak]
tren (m) de cercanías	elektrický vlak (m)	[ɛlɛktrɪtski: vlak]
tren (m) rápido	rychlík (m)	[rɪxli:k]
locomotora (f) diésel	motorová lokomotiva (ž)	[motorova: lokomotɪva]
tren (m) de vapor	parní lokomotiva (ž)	[parni: lokomotɪva]
coche (m)	vůz (m)	[vu:z]
coche (m) restaurante	jídelní vůz (m)	[ji:dɛlni: vu:z]
rieles (m pl)	koleje (ž mn)	[kolɛjɛ]
ferrocarril (m)	železnice (ž mn)	[ʒɛlɛznɪtsɛ]
traviesa (f)	pražec (m)	[praʒets]
plataforma (f)	nástupiště (s)	[na:stupɪʃte]
vía (f)	kolej (ž)	[kolɛj]
semáforo (m)	návěstidlo (s)	[na:vestɪdlo]
estación (f)	stanice (ž)	[stanɪtsɛ]
maquinista (m)	strojvůdce (m)	[strojvu:dtsɛ]
maletero (m)	nosič (m)	[nosɪtʃ]
mozo (m) del vagón	průvodčí (m)	[pru:vodtʃi:]
pasajero (m)	cestující (m)	[tsɛstuji:tsi:]
revisor (m)	revizor (m)	[rɛvɪzor]
corredor (m)	chodba (ž)	[xodba]
freno (m) de urgencia	záchranná brzda (ž)	[za:xranna: brzda]
compartimiento (m)	oddělení (s)	[oddɛlɛni:]
litera (f)	lůžko (s)	[lu:ʃko]
litera (f) de arriba	horní lůžko (s)	[horni: lu:ʃko]
litera (f) de abajo	dolní lůžko (s)	[dolni: lu:ʃko]
ropa (f) de cama	lůžkoviny (ž mn)	[lu:ʃkovɪnɪ]
billete (m)	jízdenka (ž)	[ji:zdɛŋka]
horario (m)	jízdní řád (m)	[ji:zdni: rʒa:t]
pantalla (f) de información	tabule (ž)	[tabulɛ]
partir (vi)	odjíždět	[odji:ʒdet]
partida (f) (del tren)	odjezd (m)	[odjɛst]
llegar (tren)	přijíždět	[prʃɪji:ʒdet]
llegada (f)	příjezd (m)	[prʃi:jɛst]
llegar en tren	přijet vlakem	[prʃɪɛt vlakɛm]
tomar el tren	nastoupit do vlaku	[nastoupɪt do vlaku]
bajar del tren	vystoupit z vlaku	[vɪstoupɪt z vlaku]
descarrilamiento (m)	železniční neštěstí (s)	[ʒɛlɛznɪtʃni: nɛʃtesti:]
tren (m) de vapor	parní lokomotiva (ž)	[parni: lokomotɪva]
fogonero (m)	topič (m)	[topɪtʃ]
hogar (m)	topeniště (s)	[topɛnɪʃte]
carbón (m)	uhlí (s)	[uhli:]

107. El barco

barco, buque (m)	loď (ž)	[lotʲ]
navío (m)	loď (ž)	[lotʲ]

buque (m) de vapor	parník (m)	[parniːk]
motonave (f)	říční loď (ž)	[ritʃni lotʲ]
trasatlántico (m)	linková loď (ž)	[lɪŋkovaː lotʲ]
crucero (m)	křižník (m)	[krʒɪʒniːk]

yate (m)	jachta (ž)	[jaxta]
remolcador (m)	vlek (m)	[vlɛk]
barcaza (f)	vlečná nákladní loď (ž)	[vlɛtʃna: naːkladni: lotʲ]
ferry (m)	prám (m)	[praːm]

velero (m)	plachetnice (ž)	[plaxɛtnɪtsɛ]
bergantín (m)	brigantina (ž)	[brɪgantiːna]

rompehielos (m)	ledoborec (m)	[lɛdoborɛts]
submarino (m)	ponorka (ž)	[ponorka]

bote (m) de remo	loďka (ž)	[lotʲka]
bote (m)	člun (m)	[tʃlun]
bote (m) salvavidas	záchranný člun (m)	[zaːxranni: tʃlun]
lancha (f) motora	motorový člun (m)	[motoroviː tʃlun]

capitán (m)	kapitán (m)	[kapɪtaːn]
marinero (m)	námořník (m)	[naːmorʒniːk]
marino (m)	námořník (m)	[naːmorʒniːk]
tripulación (f)	posádka (ž)	[posaːtka]

contramaestre (m)	loďmistr (m)	[lodʲmɪstr]
grumete (m)	plavčík (m)	[plavtʃiːk]
cocinero (m) de abordo	lodní kuchař (m)	[lodni: kuxarʃ]
médico (m) del buque	lodní lékař (m)	[lodni: lɛːkarʃ]

cubierta (f)	paluba (ž)	[paluba]
mástil (m)	stěžeň (m)	[stɛʒenʲ]
vela (f)	plachta (ž)	[plaxta]

bodega (f)	podpalubí (s)	[potpalubi:]
proa (f)	příď (ž)	[prʃiːtʲ]
popa (f)	záď (ž)	[zaːtʲ]
remo (m)	veslo (s)	[vɛslo]
hélice (f)	lodní šroub (m)	[lodni: ʃroup]

camarote (m)	kajuta (ž)	[kajuta]
sala (f) de oficiales	společenská místnost (ž)	[spolɛtʃɛnska: miːstnost]
sala (f) de máquinas	strojovna (ž)	[strojovna]
puente (m) de mando	kapitánský můstek (m)	[kapɪtaːnskiː muːstɛk]
sala (f) de radio	rádiová kabina (ž)	[raːdɪova kabɪna]
onda (f)	vlna (ž)	[vlna]
cuaderno (m) de bitácora	lodní deník (m)	[lodni: dɛni:k]
anteojo (m)	dalekohled (m)	[dalɛkohlɛt]
campana (f)	zvon (m)	[zvon]

bandera (f)	vlajka (ž)	[vlajka]
cabo (m) (maroma)	lano (s)	[lano]
nudo (m)	uzel (m)	[uzɛl]
pasamano (m)	zábradlí (s)	[zaːbradliː]
pasarela (f)	schůdky (m mn)	[sxuːtkɪ]
ancla (f)	kotva (ž)	[kotva]
levar ancla	zvednout kotvy	[zvɛdnout kotvɪ]
echar ancla	spustit kotvy	[spustɪt kotvɪ]
cadena (f) del ancla	kotevní řetěz (m)	[kotɛvniː rʒɛtez]
puerto (m)	přístav (m)	[prʃiːstaf]
embarcadero (m)	přístaviště (s)	[prʃiːstavɪʃte]
amarrar (vt)	přistávat	[prʃɪstaːvat]
desamarrar (vt)	vyplouvat	[vɪplouvat]
viaje (m)	cestování (s)	[tsɛstovaːniː]
crucero (m) (viaje)	výletní plavba (ž)	[viːletni: plavba]
derrota (f) (rumbo)	kurz (m)	[kurs]
itinerario (m)	trasa (ž)	[trasa]
canal (m) navegable	plavební dráha (ž)	[plavɛbni: draːha]
bajío (m)	mělčina (ž)	[mneltʃɪna]
encallar (vi)	najet na mělčinu	[najɛt na mneltʃɪnu]
tempestad (f)	bouřka (ž)	[bourʃka]
señal (f)	signál (m)	[sɪgnaːl]
hundirse (vr)	potápět se	[potaːpet sɛ]
SOS	SOS	[ɛs oː ɛs]
aro (m) salvavidas	záchranný kruh (m)	[zaːxranniː krux]

108. El aeropuerto

aeropuerto (m)	letiště (s)	[lɛtɪʃte]
avión (m)	letadlo (s)	[lɛtadlo]
compañía (f) aérea	letecká společnost (ž)	[lɛtɛtska: spolɛtʃnost]
controlador (m) aéreo	dispečer (m)	[dɪspɛtʃɛr]
despegue (m)	odlet (m)	[odlɛt]
llegada (f)	přílet (m)	[prʃiːlɛt]
llegar (en avión)	přiletět	[prʃɪlɛtet]
hora (f) de salida	čas (m) odletu	[tʃas odlɛtu]
hora (f) de llegada	čas (m) příletu	[tʃas prʃilɛtu]
retrasarse (vr)	mít zpoždění	[miːt spoʒdɛniː]
retraso (m) de vuelo	zpoždění (s) odletu	[spoʒdeni: odlɛtu]
pantalla (f) de información	informační tabule (ž)	[ɪnformatʃni: tabulɛ]
información (f)	informace (ž)	[ɪnformatsɛ]
anunciar (vt)	hlásit	[hlaːsɪt]
vuelo (m)	let (m)	[lɛt]
aduana (f)	celnice (ž)	[tsɛlnɪtsɛ]

aduanero (m)	celník (m)	[ʦɛlniːk]
declaración (f) de aduana	prohlášení (s)	[prohlaːʃɛniː]
rellenar la declaración	vyplnit prohlášení	[vɪplnɪt prohlaːʃɛniː]
control (m) de pasaportes	pasová kontrola (ž)	[pasovaː kontrola]
equipaje (m)	zavazadla (s mn)	[zavazadla]
equipaje (m) de mano	příruční zavazadlo (s)	[prʃiːrutʃniː zavazadlo]
carrito (m) de equipaje	vozík (m) na zavazadla	[voziːk na zavazadla]
aterrizaje (m)	přistání (s)	[prʃɪstaːniː]
pista (f) de aterrizaje	přistávací dráha (ž)	[prʃɪstaːvaʦi draːha]
aterrizar (vi)	přistávat	[prʃɪstaːvat]
escaleras (f pl) (de avión)	pojízdné schůdky (m mn)	[pojiːzdnɛ sxuːtkɪ]
facturación (f) (check-in)	registrace (ž)	[rɛgɪstraʦɛ]
mostrador (m) de facturación	přepážka (ž) registrace	[prʃɛpaːʃka rɛgɪstraʦɛ]
hacer el check-in	zaregistrovat se	[zarɛgɪstrovat sɛ]
tarjeta (f) de embarque	palubní lístek (m)	[palubniː liːstɛk]
puerta (f) de embarque	příchod (m) k nástupu	[prʃiːxot k naːstupu]
tránsito (m)	tranzit (m)	[tranzɪt]
esperar (aguardar)	čekat	[tʃɛkat]
zona (f) de preembarque	čekárna (ž)	[tʃɛkaːrna]
despedir (vt)	doprovázet	[doprovaːzɛt]
despedirse (vr)	loučit se	[loutʃɪt sɛ]

Acontecimentos de la vida

109. Los días festivos. Los eventos

fiesta (f)	svátek (m)	[sva:tɛk]
fiesta (f) nacional	národní svátek (m)	[na:rodni: sva:tɛk]
día (m) de fiesta	sváteční den (m)	[sva:tɛtʃni: dɛn]
celebrar (vt)	oslavovat	[oslavovat]

evento (m)	událost (ž)	[uda:lost]
medida (f)	akce (ž)	[aktsɛ]
banquete (m)	banket (m)	[baŋkɛt]
recepción (f)	recepce (ž)	[rɛtsɛptsɛ]
festín (m)	hostina (ž)	[hostɪna]

aniversario (m)	výročí (s)	[vi:rotʃi:]
jubileo (m)	jubileum (s)	[jubɪlɛjum]

Año (m) Nuevo	Nový rok (m)	[novi: rok]
¡Feliz Año Nuevo!	Šťastný nový rok!	[ʃtʲastni: novi: rok]

Navidad (f)	Vánoce (ž mn)	[va:notsɛ]
¡Feliz Navidad!	Veselé Vánoce!	[vɛsɛlɛ: va:notsɛ]
árbol (m) de Navidad	vánoční stromek (m)	[va:notʃni: stromɛk]
fuegos (m pl) artificiales	ohňostroj (m)	[ohnʲostroj]

boda (f)	svatba (ž)	[svatba]
novio (m)	ženich (m)	[ʒenɪx]
novia (f)	nevěsta (ž)	[nɛvesta]

invitar (vt)	zvát	[zva:t]
tarjeta (f) de invitación	pozvánka (ž)	[pozva:ŋka]

invitado (m)	host (m)	[host]
visitar (vt) (a los amigos)	jít na návštěvu	[ji:t na na:vʃtevu]
recibir a los invitados	vítat hosty	[vitat hostɪ]

regalo (m)	dárek (m)	[da:rɛk]
regalar (vt)	darovat	[darovat]
recibir regalos	dostávat dárky	[dosta:vat da:rkɪ]
ramo (m) de flores	kytice (ž)	[kɪtɪtsɛ]

felicitación (f)	blahopřání (s)	[blahoprʃa:ni:]
felicitar (vt)	blahopřát	[blahoprʃa:t]

tarjeta (f) de felicitación	blahopřejný lístek (m)	[blahoprʃɛjni: li:stɛk]
enviar una tarjeta	poslat lístek	[poslat li:stɛk]
recibir una tarjeta	dostat lístek	[dostat li:stɛk]
brindis (m)	přípitek (m)	[prʃi:pɪtɛk]
ofrecer (~ una copa)	častovat	[tʃastovat]

champaña (f)	šampaňské (s)	[ʃampanʲskɛ:]
divertirse (vr)	bavit se	[bavɪt sɛ]
diversión (f)	zábava (ž)	[za:bava]
alegría (f) (emoción)	radost (ž)	[radost]

| baile (m) | tanec (m) | [tanɛʦ] |
| bailar (vi, vt) | tančit | [tantʃɪt] |

| vals (m) | valčík (m) | [valtʃi:k] |
| tango (m) | tango (s) | [tango] |

110. Los funerales. El entierro

cementerio (m)	hřbitov (m)	[hrʒbɪtof]
tumba (f)	hrob (m)	[hrop]
cruz (f)	kříž (m)	[krʃi:ʃ]
lápida (f)	náhrobek (m)	[na:hrobɛk]
verja (f)	ohrádka (ž)	[ohra:tka]
capilla (f)	kaple (ž)	[kaplɛ]

muerte (f)	úmrtí (s)	[u:mrti:]
morir (vi)	umřít	[umrʒi:t]
difunto (m)	zemřelý (m)	[zɛmrʒɛli:]
luto (m)	smutek (m)	[smutɛk]

enterrar (vt)	pohřbívat	[pohrʒbi:vat]
funeraria (f)	pohřební ústav (m)	[pohrʒɛbni: u:staf]
entierro (m)	pohřeb (m)	[pohrʒɛp]

corona (f) funeraria	věnec (m)	[venɛʦ]
ataúd (m)	rakev (ž)	[rakɛf]
coche (m) fúnebre	katafalk (m)	[katafalk]
mortaja (f)	pohřební roucho (m)	[pohrʒɛbni: rouxo]

| urna (f) funeraria | popelnice (ž) | [popɛlnɪʦɛ] |
| crematorio (m) | krematorium (s) | [krɛmatorɪum] |

necrología (f)	nekrolog (m)	[nɛkrolog]
llorar (vi)	plakat	[plakat]
sollozar (vi)	vzlykat	[vzlɪkat]

111. La guerra. Los soldados

sección (f)	četa (ž)	[tʃɛta]
compañía (f)	rota (ž)	[rota]
regimiento (m)	pluk (m)	[pluk]
ejército (m)	armáda (ž)	[arma:da]
división (f)	divize (ž)	[dɪvɪzɛ]

destacamento (m)	oddíl (m)	[oddi:l]
hueste (f)	vojsko (s)	[vojsko]
soldado (m)	voják (m)	[voja:k]

oficial (m)	důstojník (m)	[duːstojniːk]
soldado (m) raso	vojín (m)	[vojiːn]
sargento (m)	seržant (m)	[sɛrʒant]
teniente (m)	poručík (m)	[porutʃiːk]
capitán (m)	kapitán (m)	[kapɪtaːn]
mayor (m)	major (m)	[major]
coronel (m)	plukovník (m)	[plukovniːk]
general (m)	generál (m)	[gɛnɛraːl]

marino (m)	námořník (m)	[naːmorʒniːk]
capitán (m)	kapitán (m)	[kapɪtaːn]
contramaestre (m)	loďmistr (m)	[lodʲmɪstr]

artillero (m)	dělostřelec (m)	[delostrʃɛlɛts]
paracaidista (m)	výsadkář (m)	[viːsatkaːrʃ]
piloto (m)	letec (m)	[lɛtɛts]
navegador (m)	navigátor (m)	[navɪgaːtor]
mecánico (m)	mechanik (m)	[mɛxanɪk]

zapador (m)	ženista (m)	[ʒenɪsta]
paracaidista (m)	parašutista (m)	[paraʃutɪsta]
explorador (m)	rozvědčík (m)	[rozvedtʃiːk]
francotirador (m)	odstřelovač (m)	[otstrʃɛlovatʃ]

patrulla (f)	hlídka (ž)	[hliːtka]
patrullar (vi, vt)	hlídkovat	[hliːtkovat]
centinela (m)	strážný (m)	[straːʒniː]

guerrero (m)	vojín (m)	[vojiːn]
patriota (m)	vlastenec (m)	[vlastɛnɛts]
héroe (m)	hrdina (m)	[hrdɪna]
heroína (f)	hrdinka (ž)	[hrdɪŋka]

traidor (m)	zrádce (m)	[zraːdtsɛ]
desertor (m)	zběh (m)	[zbex]
desertar (vi)	dezertovat	[dɛzɛrtovat]

mercenario (m)	žoldnéř (m)	[ʒoldnɛːrʃ]
recluta (m)	branec (m)	[branɛts]
voluntario (m)	dobrovolník (m)	[dobrovolniːk]

muerto (m)	zabitý (m)	[zabɪtiː]
herido (m)	raněný (m)	[raneniː]
prisionero (m)	zajatec (m)	[zajatɛts]

112. La guerra. El ámbito militar. Unidad 1

guerra (f)	válka (ž)	[vaːlka]
estar en guerra	bojovat	[bojovat]
guerra (f) civil	občanská válka (ž)	[obtʃanskaː vaːlka]

pérfidamente (adv)	věrolomně	[verolomne]
declaración (f) de guerra	vyhlášení (s)	[vɪhlaːʃeniː]
declarar (~ la guerra)	vyhlásit	[vɪhlaːsɪt]

| agresión (f) | agrese (ž) | [agrɛsɛ] |
| atacar (~ a un país) | přepadat | [prʃɛpadat] |

invadir (vt)	uchvacovat	[uxvatsovat]
invasor (m)	uchvatitel (m)	[uxvatɪtɛl]
conquistador (m)	dobyvatel (m)	[dobɪvatɛl]

defensa (f)	obrana (ž)	[obrana]
defender (vt)	bránit	[bra:nɪt]
defenderse (vr)	bránit se	[bra:nɪt sɛ]

| enemigo (m), adversario (m) | nepřítel (m) | [nɛprʃi:tɛl] |
| enemigo (adj) | nepřátelský | [nɛprʃa:tɛlski:] |

| estrategia (f) | strategie (ž) | [stratɛgɪe] |
| táctica (f) | taktika (ž) | [taktɪka] |

orden (f)	rozkaz (m)	[roskas]
comando (m)	povel (m)	[povɛl]
ordenar (vt)	rozkazovat	[roskazovat]
misión (f)	úkol (m)	[u:kol]
secreto (adj)	tajný	[tajni:]

| batalla (f) | bitva (ž) | [bɪtva] |
| combate (m) | boj (m) | [boj] |

ataque (m)	útok (m)	[u:tok]
asalto (m)	útok (m)	[u:tok]
tomar por asalto	dobývat útokem	[dobi:vat u:tokɛm]
asedio (m), sitio (m)	obležení (s)	[oblɛʒeni:]

| ofensiva (f) | ofenzíva (ž) | [ofɛnzi:va] |
| tomar la ofensiva | zahájit ofenzivu | [zaha:jɪt ofɛnzivu] |

| retirada (f) | ústup (m) | [u:stup] |
| retirarse (vr) | ustupovat | [ustupovat] |

| envolvimiento (m) | obklíčení (s) | [opkli:tʃɛni:] |
| cercar (vt) | obkličovat | [opklɪtʃovat] |

bombardeo (m)	bombardování (s)	[bombardova:ni:]
lanzar una bomba	shodit pumu	[sxodɪt pumu]
bombear (vt)	bombardovat	[bombardovat]
explosión (f)	výbuch (m)	[vi:bux]

tiro (m), disparo (m)	výstřel (m)	[vi:strʃɛl]
disparar (vi)	vystřelit	[vɪstrʒɛlɪt]
tiro (m) (de artillería)	střelba (ž)	[strʃɛlba]

apuntar a ...	mířit	[mi:rʒɪt]
encarar (apuntar)	zamířit	[zami:rʒɪt]
alcanzar (el objetivo)	zasáhnout	[zasa:hnout]

hundir (vt)	potopit	[potopɪt]
brecha (f) (~ en el casco)	trhlina (ž)	[trhlɪna]
hundirse (vr)	topit se	[topɪt sɛ]

frente (m)	fronta (ž)	[fronta]
evacuación (f)	evakuace (ž)	[ɛvakuatsɛ]
evacuar (vt)	evakuovat	[ɛvakuovat]
alambre (m) de púas	ostnatý drát (m)	[ostnati: dra:t]
barrera (f) (~ antitanque)	zátaras (m)	[za:taras]
torre (f) de vigilancia	věž (ž)	[veʃ]
hospital (m)	vojenská nemocnice (ž)	[vojɛnska: nɛmotsnɪtsɛ]
herir (vt)	zranit	[zranɪt]
herida (f)	rána (ž)	[ra:na]
herido (m)	raněný (m)	[raneni:]
recibir una herida	utrpět zranění	[utrpet zraneni:]
grave (herida)	těžký	[teʃki:]

113. La guerra. El ámbito militar. Unidad 2

cautiverio (m)	zajetí (s)	[zajɛti:]
capturar (vt)	zajmout	[zajmout]
estar en cautiverio	být v zajetí	[bi:t v zajɛti:]
caer prisionero	dostat se do zajetí	[dostat sɛ do zajɛti:]
campo (m) de concentración	koncentrační tábor (m)	[kontsɛntratʃni: ta:bor]
prisionero (m)	zajatec (m)	[zajatɛts]
escapar (de cautiverio)	utéci	[utɛ:tsɪ]
traicionar (vt)	zradit	[zradɪt]
traidor (m)	zrádce (m)	[zra:dtsɛ]
traición (f)	zrada (ž)	[zrada]
fusilar (vt)	zastřelit	[zastrʃɛlɪt]
fusilamiento (m)	smrt (ž) zastřelením	[smrt zastrʃɛlɛni:m]
equipo (m) (uniforme, etc.)	výstroj (ž)	[vi:stroj]
hombrera (f)	náramenik (m)	[na:ramɛni:k]
máscara (f) antigás	plynová maska (ž)	[plɪnova: maska]
radio transmisor (m)	vysílačka (ž)	[vɪsi:latʃka]
cifra (f) (código)	šifra (ž)	[ʃɪfra]
conspiración (f)	konspirace (ž)	[konspɪratsɛ]
contraseña (f)	heslo (s)	[hɛslo]
mina (f) terrestre	mina (ž)	[mɪna]
minar (poner minas)	zaminovat	[zamɪnovat]
campo (m) minado	minové pole (s)	[mɪnovɛ: polɛ]
alarma (f) aérea	letecký poplach (m)	[lɛtɛtski: poplax]
alarma (f)	poplach (m)	[poplax]
señal (f)	signál (m)	[sɪgna:l]
cohete (m) de señales	světlice (ž)	[svetlɪtsɛ]
estado (m) mayor	štáb (m)	[ʃta:p]
reconocimiento (m)	rozvědka (ž)	[rozvetka]
situación (f)	situace (ž)	[sɪtuatsɛ]

informe (m)	hlášení (s)	[hla:ʃɛni:]
emboscada (f)	záloha (ž)	[za:loha]
refuerzo (m)	posila (ž)	[posɪla]

blanco (m)	terč (m)	[tɛrtʃ]
terreno (m) de prueba	střelnice (ž)	[strʃɛlnɪtsɛ]
maniobras (f pl)	manévry (m mn)	[manɛ:vrɪ]

pánico (m)	panika (ž)	[panɪka]
devastación (f)	rozvrat (m)	[rozvrat]
destrucciones (f pl)	zpustošení (s)	[spustoʃɛni:]
destruir (vt)	zpustošit	[spustoʃɪt]

sobrevivir (vi, vt)	přežít	[prʃɛʒi:t]
desarmar (vt)	odzbrojit	[odzbrojɪt]
manejar (un arma)	zacházet	[zaxa:zɛt]

| ¡Firmes! | Pozor! | [pozor] |
| ¡Descanso! | Pohov! | [pohof] |

hazaña (f)	hrdinský čin (m)	[hrdɪnski: tʃɪn]
juramento (m)	přísaha (ž)	[prʃi:saha]
jurar (vt)	přísahat	[prʃi:sahat]

condecoración (f)	vyznamenání (s)	[vɪznamɛna:ni:]
condecorar (vt)	vyznamenávat	[vɪznamɛna:vat]
medalla (f)	medaile (ž)	[mɛdajlɛ]
orden (m) (~ de Merito)	řád (m)	[r̝a:t]

victoria (f)	vítězství (s)	[vi:tezstvi:]
derrota (f)	porážka (ž)	[pora:ʃka]
armisticio (m)	příměří (s)	[prʃi:mnerʒi:]

bandera (f)	prapor (m)	[prapor]
gloria (f)	sláva (ž)	[sla:va]
desfile (m) militar	vojenská přehlídka (ž)	[vojɛnska: prʃɛhli:tka]
marchar (desfilar)	pochodovat	[poxodovat]

114. Las armas

arma (f)	zbraň (ž)	[zbranʲ]
arma (f) de fuego	střelná zbraň (ž)	[strʃɛlna: zbranʲ]
arma (f) blanca	bodná a sečná zbraň (ž)	[bodna: a sɛtʃna: zbranʲ]

arma (f) química	chemická zbraň (ž)	[xɛmɪtska: zbranʲ]
nuclear (adj)	jaderný	[jadɛrni:]
arma (f) nuclear	jaderná zbraň (ž)	[jadɛrna: zbranʲ]

| bomba (f) | puma (ž) | [puma] |
| bomba (f) atómica | atomová puma (ž) | [atomova: puma] |

pistola (f)	pistole (ž)	[pɪstolɛ]
fusil (m)	puška (ž)	[puʃka]
metralleta (f)	samopal (m)	[samopal]

ametralladora (f)	kulomet (m)	[kulomɛt]
boca (f)	ústí (s) hlavně	[uːsti: hlavne]
cañón (m) (del arma)	hlaveň (ž)	[hlavɛnʲ]
calibre (m)	ráž (ž)	[raːʃ]
gatillo (m)	kohoutek (m)	[kohoutɛk]
alza (f)	hledí (s)	[hlɛdiː]
cargador (m)	zásobník (m)	[zaːsobniːk]
culata (f)	pažba (ž)	[paʒba]
granada (f) de mano	granát (m)	[granaːt]
explosivo (m)	výbušnina (ž)	[viːbuʃnɪna]
bala (f)	kulka (ž)	[kulka]
cartucho (m)	náboj (m)	[naːboj]
carga (f)	nálož (ž)	[naːloʃ]
pertrechos (m pl)	střelivo (s)	[strʃɛlɪvo]
bombardero (m)	bombardér (m)	[bombardɛːr]
avión (m) de caza	stíhačka (ž)	[stiːhatʃka]
helicóptero (m)	vrtulník (m)	[vrtulniːk]
antiaéreo (m)	protiletadlové dělo (s)	[protɪlɛtadlovɛː delo]
tanque (m)	tank (m)	[taŋk]
cañón (m) (de un tanque)	tankové dělo (s)	[taŋkovɛː delo]
artillería (f)	dělostřelectvo (s)	[delostrʃɛlɛtstvo]
cañón (m) (arma)	dělo (s)	[delo]
dirigir (un misil, etc.)	zamířit	[zamiːrʒɪt]
mortero (m)	minomet (m)	[mɪnomɛt]
bomba (f) de mortero	mina (ž)	[mɪna]
obús (m)	střela (ž)	[strʃɛla]
trozo (m) de obús	střepina (ž)	[strʃɛpɪna]
submarino (m)	ponorka (ž)	[ponorka]
torpedo (m)	torpédo (s)	[torpɛːdo]
misil (m)	raketa (ž)	[rakɛta]
cargar (pistola)	nabíjet	[nabiːjɛt]
tirar (vi)	střílet	[strʃiːlɛt]
apuntar a ...	mířit	[miːrʒɪt]
bayoneta (f)	bodák (m)	[bodaːk]
espada (f) (duelo a ~)	kord (m)	[kort]
sable (m)	šavle (ž)	[ʃavlɛ]
lanza (f)	kopí (s)	[kopiː]
arco (m)	luk (m)	[luk]
flecha (f)	šíp (m)	[ʃiːp]
mosquete (m)	mušketa (ž)	[muʃkɛta]
ballesta (f)	samostříl (m)	[samostrʃiːl]

115. Los pueblos antiguos

primitivo (adj)	prvobytný	[prvobɪtniː]
prehistórico (adj)	prehistorický	[prɛhɪstorɪtskiː]

Español	Checo	Pronunciación
antiguo (adj)	starobylý	[starobɪli:]
Edad (f) de Piedra	Doba (ž) kamenná	[doba kamɛnna:]
Edad (f) de Bronce	Doba (ž) bronzová	[doba bronzova:]
Edad (f) de Hielo	Doba (ž) ledová	[doba lɛdova:]
tribu (f)	kmen (m)	[kmɛn]
caníbal (m)	lidojed (m)	[lɪdojɛt]
cazador (m)	lovec (m)	[lovɛts]
cazar (vi, vt)	lovit	[lovɪt]
mamut (m)	mamut (m)	[mamut]
caverna (f)	jeskyně (ž)	[jɛskɪne]
fuego (m)	oheň (m)	[ohɛnʲ]
hoguera (f)	táborák (m)	[taborak]
pintura (f) rupestre	jeskynní malba (ž)	[jɛskɪnni: malba]
herramienta (f), útil (m)	pracovní nástroje (m mn)	[pratsovni: na:strojɛ]
lanza (f)	oštěp (m)	[oʃtep]
hacha (f) de piedra	kamenná sekera (ž)	[kamɛnna: sɛkɛra]
estar en guerra	bojovat	[bojovat]
domesticar (vt)	ochočovat	[oxotʃovat]
ídolo (m)	modla (ž)	[modla]
adorar (vt)	klanět se	[klanet sɛ]
superstición (f)	pověra (ž)	[povera]
evolución (f)	evoluce (ž)	[ɛvolutsɛ]
desarrollo (m)	rozvoj (m)	[rozvoj]
desaparición (f)	vymizení (s)	[vɪmɪzɛni:]
adaptarse (vr)	přizpůsobovat se	[pr̝ɪspu:sobovat sɛ]
arqueología (f)	archeologie (ž)	[arxɛologɪe]
arqueólogo (m)	archeolog (m)	[arxɛolog]
arqueológico (adj)	archeologický	[arxɛologɪtski:]
sitio (m) de excavación	vykopávky (ž mn)	[vɪkopa:fkɪ]
excavaciones (f pl)	vykopávky (ž mn)	[vɪkopa:fkɪ]
hallazgo (m)	objev (m)	[objɛf]
fragmento (m)	část (ž)	[tʃa:st]

116. La Edad Media

Español	Checo	Pronunciación
pueblo (m)	lid, národ (m)	[lɪt], [na:rot]
pueblos (m pl)	národy (m mn)	[na:rodɪ]
tribu (f)	kmen (m)	[kmɛn]
tribus (f pl)	kmeny (m mn)	[kmɛnɪ]
bárbaros (m pl)	barbaři (m mn)	[barbarʒɪ]
galos (m pl)	Galové (m mn)	[galovɛ:]
godos (m pl)	Gótové (m mn)	[go:tovɛ:]
eslavos (m pl)	Slované (m mn)	[slovanɛ:]
vikingos (m pl)	Vikingové (m mn)	[vɪkɪngovɛ:]
romanos (m pl)	Římané (m mn)	[rʒi:manɛ:]
romano (adj)	římský	[rʒi:mski:]

bizantinos (m pl)	obyvatelé (m mn)	[obɪvatɛlɛ:
	Byzantské říše	bɪzantskɛ: rʃi:ʃɛ]
Bizancio (m)	Byzantská říše (ž)	[bɪzantska: rʃi:ʃɛ]
bizantino (adj)	byzantský	[bɪzantski:]
emperador (m)	císař (m)	[tsi:sarʃ]
jefe (m)	vůdce (m)	[vu:dtsɛ]
poderoso (adj)	mocný	[motsni:]
rey (m)	král (m)	[kra:l]
gobernador (m)	vladař (m)	[vladarʃ]
caballero (m)	rytíř (m)	[rɪti:rʃ]
señor (m) feudal	feudál (m)	[fɛuda:l]
feudal (adj)	feudální	[fɛuda:lni:]
vasallo (m)	vasal (m)	[vasal]
duque (m)	vévoda (m)	[vɛ:voda]
conde (m)	hrabě (m)	[hrabe]
barón (m)	barel (m)	[barɛl]
obispo (m)	biskup (m)	[bɪskup]
armadura (f)	brnění (s)	[brneni:]
escudo (m)	štít (m)	[ʃti:t]
espada (f) (danza de ~s)	meč (m)	[mɛtʃ]
visera (f)	hledí (s)	[hlɛdi:]
cota (f) de malla	kroužková košile (ž)	[krouʃkova: koʃɪlɛ]
cruzada (f)	křižácká výprava (ž)	[krʃɪʒa:tska: vi:prava]
cruzado (m)	křižák (m)	[krʃɪʒa:k]
territorio (m)	území (s)	[u:zɛmi:]
atacar (~ a un país)	přepadat	[prʃɛpadat]
conquistar (vt)	dobýt	[dobi:t]
ocupar (invadir)	zmocnit se	[zmotsnɪt sɛ]
asedio (m), sitio (m)	obležení (s)	[oblɛʒeni:]
sitiado (adj)	obklíčený	[opkli:tʃɛni:]
asediar, sitiar (vt)	obkličovat	[opklɪtʃovat]
inquisición (f)	inkvizice (ž)	[ɪŋkvɪzɪtsɛ]
inquisidor (m)	inkvizitor (m)	[ɪŋkvɪzɪtor]
tortura (f)	mučení (s)	[mutʃɛni:]
cruel (adj)	krutý	[kruti:]
hereje (m)	kacíř (m)	[katsi:rʃ]
herejía (f)	bludařství (s)	[bludarʃstvi:]
navegación (f) marítima	mořeplavba (ž)	[morʒɛplavba]
pirata (m)	pirát (m)	[pɪra:t]
piratería (f)	pirátství (s)	[pɪra:tstvi:]
abordaje (m)	abordáž (ž)	[aborda:ʃ]
botín (m)	kořist (ž)	[korʒɪst]
tesoros (m pl)	bohatství (s)	[bohatstvi:]
descubrimiento (m)	objevení (s)	[objɛvɛni:]
descubrir (tierras nuevas)	objevit	[objɛvɪt]
expedición (f)	výprava (ž)	[vi:prava]

mosquetero (m)	mušketýr (m)	[muʃkɛti:r]
cardenal (m)	kardinál (m)	[kardɪna:l]
heráldica (f)	heraldika (ž)	[hɛraldɪka]
heráldico (adj)	heraldický	[hɛraldɪtski:]

117. El líder. El jefe. Las autoridades

rey (m)	král (m)	[kra:l]
reina (f)	královna (ž)	[kra:lovna]
real (adj)	královský	[kra:lovski:]
reino (m)	království (s)	[kra:lovstvi:]

| príncipe (m) | princ (m) | [prɪnts] |
| princesa (f) | princezna (ž) | [prɪntsɛzna] |

presidente (m)	prezident (m)	[prɛzɪdɛnt]
vicepresidente (m)	viceprezident (m)	[vɪtsɛprɛzɪdɛnt]
senador (m)	senátor (m)	[sɛna:tor]

monarca (m)	monarcha (m)	[monarxa]
gobernador (m)	vladař (m)	[vladarʃ]
dictador (m)	diktátor (m)	[dɪkta:tor]
tirano (m)	tyran (m)	[tɪran]
magnate (m)	magnát (m)	[magna:t]

director (m)	ředitel (m)	[rʒɛdɪtɛl]
jefe (m)	šéf (m)	[ʃɛ:f]
gerente (m)	správce (m)	[spra:vtsɛ]
amo (m)	bos (m)	[bos]
dueño (m)	majitel (m)	[majtɛl]

jefe (m) (~ de delegación)	hlava (m)	[hlava]
autoridades (f pl)	úřady (m mn)	[u:rʒadɪ]
superiores (m pl)	vedení (s)	[vɛdɛni:]

gobernador (m)	gubernátor (m)	[gubɛrna:tor]
cónsul (m)	konzul (m)	[konzul]
diplomático (m)	diplomat (m)	[dɪplomat]
alcalde (m)	primátor (m)	[prɪma:tor]
sheriff (m)	šerif (m)	[ʃɛrɪf]

emperador (m)	císař (m)	[tsi:sarʃ]
zar (m)	car (m)	[tsar]
faraón (m)	faraón (m)	[farao:n]
jan (m), kan (m)	chán (m)	[xa:n]

118. Violar la ley. Los criminales. Unidad 1

bandido (m)	bandita (m)	[bandɪta]
crimen (m)	zločin (m)	[zlotʃɪn]
criminal (m)	zločinec (m)	[zlotʃɪnɛts]
ladrón (m)	zloděj (m)	[zlodej]

robar (vt)	krást	[kra:st]
robo (m) (actividad)	loupež (ž)	[loupɛʃ]
robo (m) (hurto)	krádež (ž)	[kra:dɛʃ]

secuestrar (vt)	unést	[unɛ:st]
secuestro (m)	únos (m)	[u:nos]
secuestrador (m)	únosce (m)	[u:nostsɛ]

| rescate (m) | výkupné (s) | [vi:kupnɛ:] |
| exigir un rescate | žádat výkupné | [ʒa:dat vi:kupnɛ:] |

robar (vt)	loupit	[loupɪt]
robo (m)	loupež (ž)	[loupɛʃ]
atracador (m)	lupič (m)	[lupɪtʃ]

extorsionar (vt)	vydírat	[vɪdi:rat]
extorsionista (m)	vyděrač (m)	[vɪderatʃ]
extorsión (f)	vyděračství (s)	[vɪderatʃstvi:]

matar, asesinar (vt)	zabít	[zabi:t]
asesinato (m)	vražda (ž)	[vraʒda]
asesino (m)	vrah (m)	[vrax]

tiro (m), disparo (m)	výstřel (m)	[vi:strʃɛl]
disparar (vi)	vystřelit	[vɪstrʒɛlɪt]
matar (a tiros)	zastřelit	[zastrʃɛlɪt]
tirar (vi)	střílet	[strʃi:lɛt]
tiroteo (m)	střelba (ž)	[strʃɛlba]

incidente (m)	nehoda (ž)	[nɛhoda]
pelea (f)	rvačka (ž)	[rvatʃka]
¡Socorro!	Pomoc!	[pomots]
víctima (f)	oběť (ž)	[obetj]

perjudicar (vt)	poškodit	[poʃkodɪt]
daño (m)	škoda (ž)	[ʃkoda]
cadáver (m)	mrtvola (ž)	[mrtvola]
grave (un delito ~)	těžký	[tɛʃki:]

atacar (vt)	napadnout	[napadnout]
pegar (golpear)	bít	[bi:t]
apporear (vt)	zbít	[zbi:t]
quitar (robar)	odebrat	[odɛbrat]
acuchillar (vt)	zabít	[zabi:t]
mutilar (vt)	zmrzačit	[zmrzatʃɪt]
herir (vt)	zranit	[zranɪt]

chantaje (m)	vyděračství (s)	[vɪderatʃstvi:]
hacer chantaje	vydírat	[vɪdi:rat]
chantajista (m)	vyděrač (m)	[vɪderatʃ]

extorsión (f)	vyděračství (s)	[vɪderatʃstvi:]
extorsionador (m)	vyděrač (m)	[vɪderatʃ]
gángster (m)	gangster (m)	[gangstɛr]
mafia (f)	mafie (ž)	[mafɪe]
carterista (m)	kapsář (m)	[kapsa:rʃ]

ladrón (m) de viviendas	kasař (m)	[kasarʃ]
contrabandismo (m)	pašování (s)	[paʃovaːni:]
contrabandista (m)	pašerák (m)	[paʃɛraːk]
falsificación (f)	padělání (s)	[padelaːni:]
falsificar (vt)	padělat	[padelat]
falso (falsificado)	padělaný	[padelani:]

119. Violar la ley. Los criminales. Unidad 2

violación (f)	znásilnění (s)	[znaːsɪlneni:]
violar (vt)	znásilnit	[znaːsɪlnɪt]
violador (m)	násilník (m)	[naːsɪlniːk]
maniaco (m)	maniak (m)	[manɪak]
prostituta (f)	prostitutka (ž)	[prostɪtutka]
prostitución (f)	prostituce (ž)	[prostɪtuʦɛ]
chulo (m), proxeneta (m)	kuplíř (m)	[kupliːrʃ]
drogadicto (m)	narkoman (m)	[narkoman]
narcotraficante (m)	drogový dealer (m)	[drogovi: diːlɛr]
hacer explotar	vyhodit do povětří	[vɪhodɪt do povetrʃi:]
explosión (f)	výbuch (m)	[viːbux]
incendiar (vt)	zapálit	[zapaːlɪt]
incendiario (m)	žhář (m)	[ʒhaːrʃ]
terrorismo (m)	terorismus (m)	[tɛrorɪzmus]
terrorista (m)	terorista (m)	[tɛrorɪsta]
rehén (m)	rukojmí (m)	[rukojmi:]
estafar (vt)	oklamat	[oklamat]
estafa (f)	podvod (m)	[podvot]
estafador (m)	podvodník (m)	[podvodniːk]
sobornar (vt)	podplatit	[potplatɪt]
soborno (m) (delito)	podplácení (s)	[potplaːʦɛni:]
soborno (m) (dinero, etc.)	úplatek (m)	[uːplatɛk]
veneno (m)	jed (m)	[jɛt]
envenenar (vt)	otrávit	[otraːvɪt]
envenenarse (vr)	otrávit se	[otraːvɪt sɛ]
suicidio (m)	sebevražda (ž)	[sɛbɛvraʒda]
suicida (m, f)	sebevrah (m)	[sɛbɛvrax]
amenazar (vt)	vyhrožovat	[vɪhroʒovat]
amenaza (f)	vyhrůžka (ž)	[vɪhruːʃka]
atentar (vi)	páchat atentát	[paːxat atentaːt]
atentado (m)	atentát (m)	[atɛntaːt]
robar (un coche)	unést	[unɛːst]
secuestrar (un avión)	unést	[unɛːst]
venganza (f)	pomsta (ž)	[pomsta]

vengar (vt)	mstít se	[mstiːt sɛ]
torturar (vt)	mučit	[mutʃɪt]
tortura (f)	mučení (s)	[mutʃɛniː]
atormentar (vt)	trápit	[traːpɪt]

pirata (m)	pirát (m)	[pɪraːt]
gamberro (m)	chuligán (m)	[xulɪgaːn]
armado (adj)	ozbrojený	[ozbrojɛniː]
violencia (f)	násilí (s)	[naːsɪliː]

| espionaje (m) | špionáž (ž) | [ʃpɪonaːʃ] |
| espiar (vi, vt) | špehovat | [ʃpɛhovat] |

120. La policía. La ley. Unidad 1

| justicia (f) | justice (ž) | [justɪtsɛ] |
| tribunal (m) | soud (m) | [sout] |

juez (m)	soudce (m)	[soudtsɛ]
jurados (m pl)	porotci (m mn)	[porottsɪ]
tribunal (m) de jurados	porota (ž)	[porota]
juzgar (vt)	soudit	[soudɪt]

abogado (m)	advokát (m)	[advokaːt]
acusado (m)	obžalovaný (m)	[obʒalovaniː]
banquillo (m) de los acusados	lavice (ž) obžalovaných	[lavɪtsɛ obʒalovaniːx]

| inculpación (f) | žaloba (ž) | [ʒaloba] |
| inculpado (m) | obžalovaný (m) | [obʒalovaniː] |

| sentencia (f) | rozsudek (m) | [rozsudɛk] |
| sentenciar (vt) | odsoudit | [otsoudɪt] |

culpable (m)	viník (m)	[vɪniːk]
castigar (vt)	potrestat	[potrɛstat]
castigo (m)	trest (m)	[trɛst]

multa (f)	pokuta (ž)	[pokuta]
cadena (f) perpetua	doživotní vězení (s)	[doʒɪvotniː vɛzɛniː]
pena (f) de muerte	trest (m) smrti	[trɛst smrtɪ]
silla (f) eléctrica	elektrické křeslo (s)	[ɛlɛktrɪtskɛː krʃɛslo]
horca (f)	šibenice (ž)	[ʃɪbɛnɪtsɛ]

| ejecutar (vt) | popravit | [popravɪt] |
| ejecución (f) | poprava (ž) | [poprava] |

| prisión (f) | vězení (s) | [vɛzɛniː] |
| celda (f) | cela (ž) | [tsɛla] |

escolta (f)	ozbrojený doprovod (m)	[ozbrojɛniː doprovot]
guardia (m) de prisiones	dozorce (m)	[dozortsɛ]
prisionero (m)	vězeň (m)	[vɛzɛnʲ]
esposas (f pl)	pouta (s mn)	[pouta]
esposar (vt)	nasadit pouta	[nasadɪt pouta]

escape (m)	útěk (m)	[uːtek]
escaparse (vr)	uprchnout	[uprxnout]
desaparecer (vi)	zmizet	[zmɪzɛt]
liberar (vt)	propustit	[propustɪt]
amnistía (f)	amnestie (ž)	[amnɛstɪe]

policía (f) (~ nacional)	policie (ž)	[polɪtsɪe]
policía (m)	policista (m)	[polɪtsɪsta]
comisaría (f) de policía	policejní stanice (ž)	[polɪtsɛjniː stanɪtsɛ]
porra (f)	gumový obušek (m)	[gumovi: obuʃɛk]
megáfono (m)	hlásná trouba (ž)	[hlaːsna: trouba]

coche (m) patrulla	policejní vůz (m)	[polɪtsɛjniː vuːz]
sirena (f)	houkačka (ž)	[houkatʃka]
poner la sirena	zapnout houkačku	[zapnout houkatʃku]
sonido (m) de sirena	houkání (s)	[houkaːniː]

escena (f) del delito	místo (s) činu	[miːsto tʃɪnu]
testigo (m)	svědek (m)	[svedɛk]
libertad (f)	svoboda (ž)	[svoboda]
cómplice (m)	spolupachatel (m)	[spolupaxatɛl]
escapar de ...	zmizet	[zmɪzɛt]
rastro (m)	stopa (ž)	[stopa]

121. La policía. La ley. Unidad 2

búsqueda (f)	pátrání (s)	[paːtraːniː]
buscar (~ el criminal)	pátrat	[paːtrat]
sospecha (f)	podezření (s)	[podɛzrʒɛniː]
sospechoso (adj)	podezřelý	[podɛzrʒɛliː]
parar (~ en la calle)	zastavit	[zastavɪt]
retener (vt)	zadržet	[zadrʒet]

causa (f) (~ penal)	případ (m)	[prʃiːpat]
investigación (f)	vyšetřování (s)	[vɪʃɛtrʃovaːniː]
detective (m)	detektiv (m)	[dɛtɛktɪf]
investigador (m)	vyšetřovatel (m)	[vɪʃɛtrʃovatɛl]
versión (f)	verze (ž)	[vɛrzɛ]

motivo (m)	motiv (m)	[motɪf]
interrogatorio (m)	výslech (m)	[viːslɛx]
interrogar (vt)	vyslýchat	[vɪsliːxat]
interrogar (al testigo)	vyslýchat	[vɪsliːxat]
control (m) (de vehículos, etc.)	kontrola (ž)	[kontrola]

redada (f)	zátah (m)	[zaːtax]
registro (m) (~ de la casa)	prohlídka (ž)	[prohliːtka]
persecución (f)	stíhání (s)	[stiːhaːniː]
perseguir (vt)	pronásledovat	[pronaːslɛdovat]
rastrear (~ al criminal)	sledovat	[slɛdovat]

arresto (m)	zatčení (s)	[zatʃɛniː]
arrestar (vt)	zatknout	[zatknout]
capturar (vt)	chytit	[xɪtɪt]

captura (f)	chycení (s)	[xɪtsɛni:]
documento (m)	dokument (m)	[dokumɛnt]
prueba (f)	důkaz (m)	[du:kaz]
probar (vt)	dokazovat	[dokazovat]
huella (f) (pisada)	stopa (ž)	[stopa]
huellas (f pl) digitales	otisky (m mn) prstů	[otɪskɪ prstu:]
elemento (m) de prueba	důkaz (m)	[du:kaz]
coartada (f)	alibi (s)	[alɪbɪ]
inocente (no culpable)	nevinný	[nɛvɪnni:]
injusticia (f)	nespravedlivost (ž)	[nɛspravɛdlɪvost]
injusto (adj)	nespravedlivý	[nɛspra:vɛdlɪvi:]
criminal (adj)	kriminální	[krɪmɪna:lni:]
confiscar (vt)	konfiskovat	[konfɪskovat]
narcótico (m)	droga (ž)	[droga]
arma (f)	zbraň (ž)	[zbranʲ]
desarmar (vt)	odzbrojit	[odzbrojɪt]
ordenar (vt)	rozkazovat	[roskazovat]
desaparecer (vi)	zmizet	[zmɪzɛt]
ley (f)	zákon (m)	[za:kon]
legal (adj)	zákonný	[za:konni:]
ilegal (adj)	nezákonný	[nɛza:konni:]
responsabilidad (f)	odpovědnost (ž)	[otpovednost]
responsable (adj)	odpovědný	[otpovedni:]

LA NATURALEZA

La tierra. Unidad 1

122. El espacio

cosmos (m)	kosmos (m)	[kosmos]
espacial, cósmico (adj)	kosmický	[kosmɪtski:]
espacio (m) cósmico	kosmický prostor (m)	[kosmɪtski: prostor]
mundo (m), universo (m)	vesmír (m)	[vɛsmi:r]
galaxia (f)	galaxie (ž)	[galaksɪe]
estrella (f)	hvězda (ž)	[hvezda]
constelación (f)	souhvězdí (s)	[souhvezdi:]
planeta (m)	planeta (ž)	[planɛta]
satélite (m)	družice (ž)	[druʒɪtsɛ]
meteorito (m)	meteorit (m)	[mɛtɛorɪt]
cometa (m)	kometa (ž)	[komɛta]
asteroide (m)	asteroid (m)	[astɛroɪt]
órbita (f)	oběžná dráha (ž)	[obeʒna: dra:ha]
girar (vi)	otáčet se	[ota:tʃɛt sɛ]
atmósfera (f)	atmosféra (ž)	[atmosfɛ:ra]
Sol (m)	Slunce (s)	[sluntsɛ]
sistema (m) solar	sluneční soustava (ž)	[slunɛtʃni: soustava]
eclipse (m) de Sol	sluneční zatmění (s)	[slunɛtʃni: zatmneni:]
Tierra (f)	Země (ž)	[zɛmnɛ]
Luna (f)	Měsíc (m)	[mnesi:ts]
Marte (m)	Mars (m)	[mars]
Venus (f)	Venuše (ž)	[vɛnuʃɛ]
Júpiter (m)	Jupiter (m)	[jupɪtɛr]
Saturno (m)	Saturn (m)	[saturn]
Mercurio (m)	Merkur (m)	[mɛrkur]
Urano (m)	Uran (m)	[uran]
Neptuno (m)	Neptun (m)	[nɛptun]
Plutón (m)	Pluto (s)	[pluto]
la Vía Láctea	Mléčná dráha (ž)	[mlɛ:tʃna: dra:ha]
la Osa Mayor	Velká medvědice (ž)	[vɛlka: mɛdvedɪtsɛ]
la Estrella Polar	Polárka (ž)	[pola:rka]
marciano (m)	Marťan (m)	[marťan]
extraterrestre (m)	mimozemšťan (m)	[mɪmozɛmʃťan]

planetícola (m)	vetřelec (m)	[vɛtrʃɛlɛts]
platillo (m) volante	létající talíř (m)	[lɛ:taji:tsi: tali:rʃ]
nave (f) espacial	kosmická loď (ž)	[kosmɪtska: loti]
estación (f) orbital	orbitální stanice (ž)	[orbɪta:lni: stanɪtsɛ]
despegue (m)	start (m)	[start]
motor (m)	motor (m)	[motor]
tobera (f)	tryska (ž)	[trɪska]
combustible (m)	palivo (s)	[palɪvo]
carlinga (f)	kabina (ž)	[kabɪna]
antena (f)	anténa (ž)	[antɛ:na]
ventana (f)	okénko (s)	[okɛ:ŋko]
batería (f) solar	sluneční baterie (ž)	[slunɛtʃni: batɛrɪe]
escafandra (f)	skafandr (m)	[skafandr]
ingravidez (f)	beztížný stav (m)	[bɛzti:ʒni: staf]
oxígeno (m)	kyslík (m)	[kɪsli:k]
atraque (m)	spojení (s)	[spojɛni:]
realizar el atraque	spojovat se	[spojovat sɛ]
observatorio (m)	observatoř (ž)	[opsɛrvatorʃ]
telescopio (m)	teleskop (m)	[tɛlɛskop]
observar (vt)	pozorovat	[pozorovat]
explorar (~ el universo)	zkoumat	[skoumat]

123. La tierra

Tierra (f)	Země (ž)	[zɛmnɛ]
globo (m) terrestre	zeměkoule (ž)	[zɛmnekoulɛ]
planeta (m)	planeta (ž)	[planɛta]
atmósfera (f)	atmosféra (ž)	[atmosfɛ:ra]
geografía (f)	zeměpis (m)	[zɛmnepɪs]
naturaleza (f)	příroda (ž)	[prʃi:roda]
globo (m) terráqueo	glóbus (m)	[glo:bus]
mapa (m)	mapa (ž)	[mapa]
atlas (m)	atlas (m)	[atlas]
Europa (f)	Evropa (ž)	[ɛvropa]
Asia (f)	Asie (ž)	[azɪe]
África (f)	Afrika (ž)	[afrɪka]
Australia (f)	Austrálie (ž)	[austra:lɪe]
América (f)	Amerika (ž)	[amɛrɪka]
América (f) del Norte	Severní Amerika (ž)	[sɛvɛrni: amɛrɪka]
América (f) del Sur	Jižní Amerika (ž)	[jɪʒni: amɛrɪka]
Antártida (f)	Antarktida (ž)	[antarkti:da]
Ártico (m)	Arktida (ž)	[arktɪda]

124. Los puntos cardinales

norte (m)	sever (m)	[sɛvɛr]
al norte	na sever	[na sɛvɛr]
en el norte	na severu	[na sɛvɛru]
del norte (adj)	severní	[sɛvɛrni:]
sur (m)	jih (m)	[jɪx]
al sur	na jih	[na jɪx]
en el sur	na jihu	[na jɪhu]
del sur (adj)	jižní	[jɪʒni:]
oeste (m)	západ (m)	[za:pat]
al oeste	na západ	[na za:pat]
en el oeste	na západě	[na za:pade]
del oeste (adj)	západní	[za:padni:]
este (m)	východ (m)	[vi:xot]
al este	na východ	[na vi:xot]
en el este	na východě	[na vi:xode]
del este (adj)	východní	[vi:xodni:]

125. El mar. El océano

mar (m)	moře (s)	[morʒɛ]
océano (m)	oceán (m)	[otsɛa:n]
golfo (m)	záliv (m)	[za:lɪf]
estrecho (m)	průliv (m)	[pru:lɪf]
continente (m)	pevnina (ž)	[pɛvnɪna]
isla (f)	ostrov (m)	[ostrof]
península (f)	poloostrov (m)	[poloostrof]
archipiélago (m)	souostroví (s)	[souostrovi:]
bahía (f)	zátoka (ž)	[za:toka]
ensenada, bahía (f)	přístav (m)	[prʃi:staf]
laguna (f)	laguna (ž)	[lagu:na]
cabo (m)	mys (m)	[mɪs]
atolón (m)	atol (m)	[atol]
arrecife (m)	útes (m)	[u:tɛs]
coral (m)	korál (m)	[kora:l]
arrecife (m) de coral	korálový útes (m)	[kora:lovi: u:tɛs]
profundo (adj)	hluboký	[hluboki:]
profundidad (f)	hloubka (ž)	[hloupka]
abismo (m)	hlubina (ž)	[hlubɪna]
fosa (f) oceánica	prohlubeň (ž)	[prohlubɛnʲ]
corriente (f)	proud (m)	[prout]
bañar (rodear)	omývat	[omi:vat]
orilla (f)	břeh (m)	[brʒɛx]
costa (f)	pobřeží (s)	[pobrʒɛʒi:]

flujo (m)	příliv (m)	[prʃiːlɪf]
reflujo (m)	odliv (m)	[odlɪf]
banco (m) de arena	mělčina (ž)	[mneltʃɪna]
fondo (m)	dno (s)	[dno]
ola (f)	vlna (ž)	[vlna]
cresta (f) de la ola	hřbet (m) vlny	[hrʒbɛt vlnɪ]
espuma (f)	pěna (ž)	[pena]
tempestad (f)	bouřka (ž)	[bourʃka]
huracán (m)	hurikán (m)	[hurɪkaːn]
tsunami (m)	tsunami (s)	[tsunamɪ]
bonanza (f)	bezvětří (s)	[bɛzvetrʃiː]
calmo, tranquilo	klidný	[klɪdniː]
polo (m)	pól (m)	[poːl]
polar (adj)	polární	[polaːrniː]
latitud (f)	šířka (ž)	[ʃiːrʃka]
longitud (f)	délka (ž)	[dɛːlka]
paralelo (m)	rovnoběžka (ž)	[rovnobeʃka]
ecuador (m)	rovník (m)	[rovniːk]
cielo (m)	obloha (ž)	[obloha]
horizonte (m)	horizont (m)	[horɪzont]
aire (m)	vzduch (m)	[vzdux]
faro (m)	maják (m)	[majaːk]
bucear (vi)	potápět se	[potaːpet sɛ]
hundirse (vr)	potopit se	[potopɪt sɛ]
tesoros (m pl)	bohatství (s)	[bohatstviː]

126. Los nombres de los mares y los océanos

océano (m) Atlántico	Atlantický oceán (m)	[atlantɪtskiː otsɛaːn]
océano (m) Índico	Indický oceán (m)	[ɪndɪtskiː otsɛaːn]
océano (m) Pacífico	Tichý oceán (m)	[tɪxiː otsɛaːn]
océano (m) Glacial Ártico	Severní ledový oceán (m)	[sɛvɛrniː lɛdoviː otsɛaːn]
mar (m) Negro	Černé moře (s)	[tʃɛrnɛː morʒɛ]
mar (m) Rojo	Rudé moře (s)	[rudɛː morʒɛ]
mar (m) Amarillo	Žluté moře (s)	[ʒlutɛː morʒɛ]
mar (m) Blanco	Bílé moře (s)	[biːlɛː morʒɛ]
mar (m) Caspio	Kaspické moře (s)	[kaspɪtskɛː morʒɛ]
mar (m) Muerto	Mrtvé moře (s)	[mrtvɛː morʒɛ]
mar (m) Mediterráneo	Středozemní moře (s)	[strʃedozɛmniː morʒɛ]
mar (m) Egeo	Egejské moře (s)	[ɛgɛjskɛː morʒɛ]
mar (m) Adriático	Jaderské moře (s)	[jadɛrskɛː morʒɛ]
mar (m) Arábigo	Arabské moře (s)	[arapskɛː morʒɛ]
mar (m) del Japón	Japonské moře (s)	[japonskɛː morʒɛ]
mar (m) de Bering	Beringovo moře (s)	[bɛrɪngovo morʒɛ]

mar (m) de la China Meridional	Jihočínské moře (s)	[jɪhotʃiːnskɛ: morʒɛ]
mar (m) del Coral	Korálové moře (s)	[koraːlovɛ: morʒɛ]
mar (m) de Tasmania	Tasmanovo moře (s)	[tasmanovo morʒɛ]
mar (m) Caribe	Karibské moře (s)	[karɪpskɛ: morʒɛ]
mar (m) de Barents	Barentsovo moře (s)	[barɛntsovo morʒɛ]
mar (m) de Kara	Karské moře (s)	[karskɛ: morʒɛ]
mar (m) del Norte	Severní moře (s)	[sɛverni: morʒɛ]
mar (m) Báltico	Baltské moře (s)	[baltskɛ: morʒɛ]
mar (m) de Noruega	Norské moře (s)	[norskɛ: morʒɛ]

127. Las montañas

montaña (f)	hora (ž)	[hora]
cadena (f) de montañas	horské pásmo (s)	[horskɛ: paːsmo]
cresta (f) de montañas	horský hřbet (m)	[horski: hrʒbɛt]
cima (f)	vrchol (m)	[vrxol]
pico (m)	štít (m)	[ʃtiːt]
pie (m)	úpatí (s)	[uːpatiː]
cuesta (f)	svah (m)	[svax]
volcán (m)	sopka (ž)	[sopka]
volcán (m) activo	činná sopka (ž)	[tʃɪnnaː sopka]
volcán (m) apagado	vyhaslá sopka (ž)	[vɪhaslaː sopka]
erupción (f)	výbuch (m)	[viːbux]
cráter (m)	kráter (m)	[kraːtɛr]
magma (m)	magma (ž)	[magma]
lava (f)	láva (ž)	[laːva]
fundido (lava ~a)	rozžhavený	[rozʒhavɛniː]
cañón (m)	kaňon (m)	[kanʲon]
desfiladero (m)	soutěska (ž)	[soutɛska]
grieta (f)	rozsedlina (ž)	[rozsɛdlɪna]
puerto (m) (paso)	průsmyk (m)	[pruːsmɪk]
meseta (f)	plató (s)	[platoː]
roca (f)	skála (ž)	[skaːla]
colina (f)	kopec (m)	[kopɛts]
glaciar (m)	ledovec (m)	[lɛdovɛts]
cascada (f)	vodopád (m)	[vodopaːt]
geiser (m)	vřídlo (s)	[vrʒiːdlo]
lago (m)	jezero (s)	[jɛzɛro]
llanura (f)	rovina (ž)	[rovɪna]
paisaje (m)	krajina (ž)	[krajɪna]
eco (m)	ozvěna (ž)	[ozvɛna]
alpinista (m)	horolezec (m)	[horolɛzɛts]
escalador (m)	horolezec (m)	[horolɛzɛts]

conquistar (vt)	**dobývat**	[dobi:vat]
ascensión (f)	**výstup** (m)	[vi:stup]

128. Los nombres de las montañas

Alpes (m pl)	**Alpy** (mn)	[alpɪ]
Montblanc (m)	**Mont Blanc** (m)	[monblaŋ]
Pirineos (m pl)	**Pyreneje** (mn)	[pɪrɛnɛjɛ]
Cárpatos (m pl)	**Karpaty** (mn)	[karpatɪ]
Urales (m pl)	**Ural** (m)	[ural]
Cáucaso (m)	**Kavkaz** (m)	[kafkaz]
Elbrus (m)	**Elbrus** (m)	[ɛlbrus]
Altai (m)	**Altaj** (m)	[altaj]
Tian-Shan (m)	**Ťan-Šan** (ž)	[tʲan-ʃan]
Pamir (m)	**Pamír** (m)	[pami:r]
Himalayos (m pl)	**Himaláje** (mn)	[hɪmala:jɛ]
Everest (m)	**Mount Everest** (m)	[mount ɛvɛrɛst]
Andes (m pl)	**Andy** (mn)	[andɪ]
Kilimanjaro (m)	**Kilimandžáro** (s)	[kɪlɪmandʒa:ro]

129. Los ríos

río (m)	**řeka** (ž)	[rʒɛka]
manantial (m)	**pramen** (m)	[pramɛn]
lecho (m) (curso de agua)	**koryto** (s)	[korɪto]
cuenca (f) fluvial	**povodí** (s)	[povodi:]
desembocar en ...	**vlévat se**	[vlɛ:vat sɛ]
afluente (m)	**přítok** (m)	[prʃi:tok]
ribera (f)	**břeh** (m)	[brʒɛx]
corriente (f)	**proud** (m)	[prout]
río abajo (adv)	**po proudu**	[po proudu]
río arriba (adv)	**proti proudu**	[protɪ proudu]
inundación (f)	**povodeň** (ž)	[povodɛnʲ]
riada (f)	**záplava** (ž)	[za:plava]
desbordarse (vr)	**rozlévat se**	[rozlɛ:vat sɛ]
inundar (vt)	**zaplavovat**	[zaplavovat]
bajo (m) arenoso	**mělčina** (ž)	[mnɛltʃɪna]
rápido (m)	**peřej** (ž)	[pɛrʒɛj]
presa (f)	**přehrada** (ž)	[prʃɛhrada]
canal (m)	**průplav** (m)	[pru:plaf]
lago (m) artificiale	**vodní nádrž** (ž)	[vodni: na:drʃ]
esclusa (f)	**zdymadlo** (s)	[zdɪmadlo]
cuerpo (m) de agua	**vodojem** (s)	[vodojɛm]
pantano (m)	**bažina** (ž)	[baʒɪna]

ciénaga (f)	slať (ž)	[slatʲ]
remolino (m)	vír (m)	[viːr]
arroyo (m)	potok (m)	[potok]
potable (adj)	pitný	[pɪtniː]
dulce (agua ~)	sladký	[slatkiː]
hielo (m)	led (m)	[lɛt]
helarse (el lago, etc.)	zamrznout	[zamrznout]

130. Los nombres de los ríos

Sena (m)	Seina (ž)	[seːna]
Loira (m)	Loira (ž)	[loaːra]
Támesis (m)	Temže (ž)	[tɛmʒe]
Rin (m)	Rýn (m)	[riːn]
Danubio (m)	Dunaj (m)	[dunaj]
Volga (m)	Volha (ž)	[volha]
Don (m)	Don (m)	[don]
Lena (m)	Lena (ž)	[lɛna]
Río (m) Amarillo	Chuang-chež (ž)	[xuan-xɛ]
Río (m) Azul	Jang-c'-ťiang (ž)	[jang-tsɛ-tʲang]
Mekong (m)	Mekong (m)	[mɛkong]
Ganges (m)	Ganga (ž)	[ganga]
Nilo (m)	Nil (m)	[nɪl]
Congo (m)	Kongo (s)	[kongo]
Okavango (m)	Okavango (s)	[okavango]
Zambeze (m)	Zambezi (ž)	[zambɛzɪ]
Limpopo (m)	Limpopo (s)	[lɪmpopo]
Misisipi (m)	Mississippi (ž)	[mɪsɪsɪpɪ]

131. El bosque

bosque (m)	les (m)	[lɛs]
de bosque (adj)	lesní	[lɛsniː]
espesura (f)	houština (ž)	[houʃtɪna]
bosquecillo (m)	háj (m)	[haːj]
claro (m)	mýtina (ž)	[miːtɪna]
maleza (f)	houští (s)	[houʃtiː]
matorral (m)	křoví (s)	[krʃoviː]
senda (f)	stezka (ž)	[stɛska]
barranco (m)	rokle (ž)	[roklɛ]
árbol (m)	strom (m)	[strom]
hoja (f)	list (m)	[lɪst]

follaje (m)	listí (s)	[lɪsti:]
caída (f) de hojas	padání (s) listí	[pada:ni: lɪsti:]
caer (las hojas)	opadávat	[opada:vat]
cima (f)	vrchol (m)	[vrxol]

rama (f)	větev (ž)	[vetɛf]
rama (f) (gruesa)	suk (m)	[suk]
brote (m)	pupen (m)	[pupɛn]
aguja (f)	jehla (ž)	[jɛhla]
piña (f)	šiška (ž)	[ʃɪʃka]

| agujero (m) | dutina (ž) | [dutɪna] |
| nido (m) | hnízdo (s) | [hni:zdo] |

tronco (m)	kmen (m)	[kmɛn]
raíz (f)	kořen (m)	[korʒɛn]
corteza (f)	kůra (ž)	[ku:ra]
musgo (m)	mech (m)	[mɛx]

extirpar (vt)	klučit	[kluʧɪt]
talar (vt)	kácet	[ka:tsɛt]
deforestar (vt)	odlesnit	[odlesnɪt]
tocón (m)	pařez (m)	[parʒɛz]

hoguera (f)	oheň (m)	[ohɛnʲ]
incendio (m) forestal	požár (m)	[poʒa:r]
apagar (~ el incendio)	hasit	[hasɪt]

guarda (m) forestal	hajný (m)	[hajni:]
protección (f)	ochrana (ž)	[oxrana]
proteger (vt)	chránit	[xra:nɪt]
cazador (m) furtivo	pytlák (m)	[pɪtla:k]
cepo (m)	past (ž)	[past]

| recoger (setas, bayas) | sbírat | [zbi:rat] |
| perderse (vr) | zabloudit | [zabloudɪt] |

132. Los recursos naturales

recursos (m pl) naturales	přírodní zdroje (m mn)	[prʃi:rodni: zdrojɛ]
recursos (m pl) subterráneos	užitkové nerosty (m mn)	[uʒɪtkovɛ: nɛrostɪ]
depósitos (m pl)	ložisko (s)	[loʒɪsko]
yacimiento (m)	naleziště (s)	[nalezɪʃte]

extraer (vt)	dobývat	[dobi:vat]
extracción (f)	těžba (ž)	[tɛʒba]
mena (f)	ruda (ž)	[ruda]
mina (f)	důl (m)	[du:l]
pozo (m) de mina	šachta (ž)	[ʃaxta]
minero (m)	horník (m)	[horni:k]

gas (m)	plyn (m)	[plɪn]
gasoducto (m)	plynovod (m)	[plɪnovot]
petróleo (m)	ropa (ž)	[ropa]

oleoducto (m)	ropovod (m)	[ropovot]
pozo (m) de petróleo	ropová věž (ž)	[ropovaːveʃ]
torre (f) de sondeo	vrtná věž (ž)	[vrtnaːveʃ]
petrolero (m)	tanková loď (ž)	[taŋkovaːlotʲ]
arena (f)	písek (m)	[piːsɛk]
caliza (f)	vápenec (m)	[vaːpɛnɛts]
grava (f)	štěrk (m)	[ʃterk]
turba (f)	rašelina (ž)	[raʃɛlɪna]
arcilla (f)	hlína (ž)	[hliːna]
carbón (m)	uhlí (s)	[uhliː]
hierro (m)	železo (s)	[ʒelɛzo]
oro (m)	zlato (s)	[zlato]
plata (f)	stříbro (s)	[strʃiːbro]
níquel (m)	nikl (m)	[nɪkl]
cobre (m)	měď (ž)	[mnetʲ]
zinc (m)	zinek (m)	[zɪnɛk]
manganeso (m)	mangan (m)	[mangan]
mercurio (m)	rtuť (ž)	[rtutʲ]
plomo (m)	olovo (s)	[olovo]
mineral (m)	minerál (m)	[mɪnɛraːl]
cristal (m)	krystal (m)	[krɪstal]
mármol (m)	mramor (m)	[mramor]
uranio (m)	uran (m)	[uran]

La tierra. Unidad 2

133. El tiempo

tiempo (m)	počasí (s)	[potʃasiː]
previsión (f) del tiempo	předpověď (ž) počasí	[prʃɛtpovetʲ potʃasiː]
temperatura (f)	**teplota** (ž)	[tɛplota]
termómetro (m)	teploměr (m)	[tɛplomner]
barómetro (m)	barometr (m)	[baromɛtr]
humedad (f)	vlhkost (ž)	[vlxkost]
bochorno (m)	horko (s)	[horko]
tórrido (adj)	horký	[horkiː]
hace mucho calor	horko	[horko]
hace calor (templado)	teplo	[tɛplo]
templado (adj)	teplý	[tɛpliː]
hace frío	je zima	[jɛ zɪma]
frío (adj)	studený	[studɛniː]
sol (m)	slunce (s)	[sluntsɛ]
brillar (vi)	svítit	[sviːtɪt]
soleado (un día ~)	slunečný	[slunɛtʃniː]
elevarse (el sol)	vzejít	[vzɛjiːt]
ponerse (vr)	zapadnout	[zapadnout]
nube (f)	mrak (m)	[mrak]
nuboso (adj)	oblačný	[oblatʃniː]
nubarrón (m)	mračno (s)	[mratʃno]
nublado (adj)	pochmurný	[poxmurniː]
lluvia (f)	déšť (m)	[dɛːʃtʲ]
está lloviendo	prší	[prʃiː]
lluvioso (adj)	deštivý	[dɛʃtɪviː]
lloviznar (vi)	mrholit	[mrholɪt]
aguacero (m)	liják (m)	[lɪjaːk]
chaparrón (m)	liják (m)	[lɪjaːk]
fuerte (la lluvia ~)	silný	[sɪlniː]
charco (m)	kaluž (ž)	[kaluʃ]
mojarse (vr)	moknout	[moknout]
niebla (f)	mlha (ž)	[mlha]
nebuloso (adj)	mlhavý	[mlhaviː]
nieve (f)	sníh (m)	[sniːx]
está nevando	sněží	[snɛʒiː]

134. Los eventos climáticos severos. Los desastres naturales

tormenta (f)	bouřka (ž)	[bourʃka]
relámpago (m)	blesk (m)	[blɛsk]
relampaguear (vi)	blýskat se	[bliːskat sɛ]
trueno (m)	hřmění (s)	[hrʒmneniː]
tronar (vi)	hřmít	[hrʒmiːt]
está tronando	hřmí	[hrʒmiː]
granizo (m)	kroupy (ž mn)	[kroupɪ]
está granizando	padají kroupy	[padaji: kroupɪ]
inundar (vt)	zaplavit	[zaplavɪt]
inundación (f)	povodeň (ž)	[povodɛnʲ]
terremoto (m)	zemětřesení (s)	[zɛmnetrʃɛsɛniː]
sacudida (f)	otřes (m)	[otrʃɛs]
epicentro (m)	epicentrum (s)	[ɛpɪtsɛntrum]
erupción (f)	výbuch (m)	[viːbux]
lava (f)	láva (ž)	[laːva]
torbellino (m)	smršť (ž)	[smrʃtʲ]
tornado (m)	tornádo (s)	[tornaːdo]
tifón (m)	tajfun (m)	[tajfun]
huracán (m)	hurikán (m)	[hurɪkaːn]
tempestad (f)	bouřka (ž)	[bourʃka]
tsunami (m)	tsunami (s)	[tsunamɪ]
ciclón (m)	cyklón (m)	[tsikloːn]
mal tiempo (m)	nečas (m)	[nɛtʃas]
incendio (m)	požár (m)	[poʒaːr]
catástrofe (f)	katastrofa (ž)	[katastrofa]
meteorito (m)	meteorit (m)	[mɛtɛorɪt]
avalancha (f)	lavina (ž)	[lavɪna]
alud (m) de nieve	lavina (ž)	[lavɪna]
ventisca (f)	metelice (ž)	[mɛtɛlɪtsɛ]
nevasca (f)	vánice (ž)	[vaːnɪtsɛ]

La fauna

135. Los mamíferos. Los predadores

carnívoro (m)	šelma (ž)	[ʃɛlma]
tigre (m)	tygr (m)	[tɪgr]
león (m)	lev (m)	[lɛf]
lobo (m)	vlk (m)	[vlk]
zorro (m)	liška (ž)	[lɪʃka]
jaguar (m)	jaguár (m)	[jaguaːr]
leopardo (m)	levhart (m)	[lɛvhart]
guepardo (m)	gepard (m)	[gɛpart]
pantera (f)	panter (m)	[pantɛr]
puma (f)	puma (ž)	[puma]
leopardo (m) de las nieves	pardál (m)	[pardaːl]
lince (m)	rys (m)	[rɪs]
coyote (m)	kojot (m)	[kojot]
chacal (m)	šakal (m)	[ʃakal]
hiena (f)	hyena (ž)	[hɪena]

136. Los animales salvajes

animal (m)	zvíře (s)	[zviːrʒɛ]
bestia (f)	zvíře (s)	[zviːrʒɛ]
ardilla (f)	veverka (ž)	[vɛvɛrka]
erizo (m)	ježek (m)	[jɛʒek]
liebre (f)	zajíc (m)	[zajiːʦ]
conejo (m)	králík (m)	[kraːliːk]
tejón (m)	jezevec (m)	[jɛzɛvɛʦ]
mapache (m)	mýval (m)	[miːval]
hámster (m)	křeček (m)	[krʃɛtʃɛk]
marmota (f)	svišť (m)	[svɪʃtʲ]
topo (m)	krtek (m)	[krtɛk]
ratón (m)	myš (ž)	[mɪʃ]
rata (f)	krysa (ž)	[krɪsa]
murciélago (m)	netopýr (m)	[nɛtopiːr]
armiño (m)	hranostaj (m)	[hranostaj]
cebellina (f)	sobol (m)	[sobol]
marta (f)	kuna (ž)	[kuna]
comadreja (f)	lasice (ž)	[lasɪʦɛ]
visón (m)	norek (m)	[norɛk]

castor (m)	bobr (m)	[bobr]
nutria (f)	vydra (ž)	[vɪdra]
caballo (m)	kůň (m)	[kuːnʲ]
alce (m)	los (m)	[los]
ciervo (m)	jelen (m)	[jɛlɛn]
camello (m)	velbloud (m)	[vɛlblout]
bisonte (m)	bizon (m)	[bɪzon]
uro (m)	zubr (m)	[zubr]
búfalo (m)	buvol (m)	[buvol]
cebra (f)	zebra (ž)	[zɛbra]
antílope (m)	antilopa (ž)	[antɪlopa]
corzo (m)	srnka (ž)	[srŋka]
gamo (m)	daněk (m)	[danek]
gamuza (f)	kamzík (m)	[kamziːk]
jabalí (m)	vepř (m)	[vɛprʃ]
ballena (f)	velryba (ž)	[vɛlrɪba]
foca (f)	tuleň (m)	[tulɛnʲ]
morsa (f)	mrož (m)	[mroʃ]
oso (m) marino	lachtan (m)	[laxtan]
delfín (m)	delfín (m)	[dɛlfiːn]
oso (m)	medvěd (m)	[mɛdvet]
oso (m) blanco	bílý medvěd (m)	[biːliː mɛdvet]
panda (f)	panda (ž)	[panda]
mono (m)	opice (ž)	[opɪtsɛ]
chimpancé (m)	šimpanz (m)	[ʃɪmpanz]
orangután (m)	orangutan (m)	[orangutan]
gorila (f)	gorila (ž)	[gorɪla]
macaco (m)	makak (m)	[makak]
gibón (m)	gibon (m)	[gɪbon]
elefante (m)	slon (m)	[slon]
rinoceronte (m)	nosorožec (m)	[nosoroʒets]
jirafa (f)	žirafa (ž)	[ʒɪrafa]
hipopótamo (m)	hroch (m)	[hrox]
canguro (m)	klokan (m)	[klokan]
koala (f)	koala (ž)	[koala]
mangosta (f)	promyka (ž) indická	[promɪka ɪndɪtskaː]
chinchilla (f)	činčila (ž)	[tʃɪntʃɪla]
mofeta (f)	skunk (m)	[skuŋk]
espín (m)	dikobraz (m)	[dɪkobras]

137. Los animales domésticos

gata (f)	kočka (ž)	[kotʃka]
gato (m)	kocour (m)	[kotsour]
perro (m)	pes (m)	[pɛs]

caballo (m)	kůň (m)	[kuːnʲ]
garañón (m)	hřebec (m)	[hrʒɛbɛts]
yegua (f)	kobyla (ž)	[kobɪla]
vaca (f)	kráva (ž)	[kraːva]
toro (m)	býk (m)	[biːk]
buey (m)	vůl (m)	[vuːl]
oveja (f)	ovce (ž)	[ovtsɛ]
carnero (m)	beran (m)	[bɛran]
cabra (f)	koza (ž)	[koza]
cabrón (m)	kozel (m)	[kozɛl]
asno (m)	osel (m)	[osɛl]
mulo (m)	mul (m)	[mul]
cerdo (m)	prase (s)	[prasɛ]
cerdito (m)	prasátko (s)	[prasaːtko]
conejo (m)	králík (m)	[kraːliːk]
gallina (f)	slepice (ž)	[slɛpɪtsɛ]
gallo (m)	kohout (m)	[kohout]
pato (m)	kachna (ž)	[kaxna]
ánade (m)	kačer (m)	[katʃɛr]
ganso (m)	husa (ž)	[husa]
pavo (m)	krocan (m)	[krotsan]
pava (f)	krůta (ž)	[kruːta]
animales (m pl) domésticos	domácí zvířata (s mn)	[domaːtsiː zviːrʒata]
domesticado (adj)	ochočený	[oxotʃɛniː]
domesticar (vt)	ochočovat	[oxotʃovat]
criar (vt)	chovat	[xovat]
granja (f)	farma (ž)	[farma]
aves (f pl) de corral	drůbež (ž)	[druːbɛʃ]
ganado (m)	dobytek (m)	[dobɪtɛk]
rebaño (m)	stádo (s)	[staːdo]
caballeriza (f)	stáj (ž)	[staːj]
porqueriza (f)	vepřín (m)	[vɛprʃiːn]
vaquería (f)	kravín (m)	[kraviːn]
conejal (m)	králíkárna (ž)	[kraːliːkaːrna]
gallinero (m)	kurník (m)	[kurniːk]

138. Los pájaros

pájaro (m)	pták (m)	[ptaːk]
paloma (f)	holub (m)	[holup]
gorrión (m)	vrabec (m)	[vrabɛts]
carbonero (m)	sýkora (ž)	[siːkora]
urraca (f)	straka (ž)	[straka]
cuervo (m)	havran (m)	[havran]

corneja (f)	vrána (ž)	[vraːna]
chova (f)	kavka (ž)	[kafka]
grajo (m)	polní havran (m)	[polniː havran]
pato (m)	kachna (ž)	[kaxna]
ganso (m)	husa (ž)	[husa]
faisán (m)	bažant (m)	[baʒant]
águila (f)	orel (m)	[orɛl]
azor (m)	jestřáb (m)	[jɛstrʃaːp]
halcón (m)	sokol (m)	[sokol]
buitre (m)	sup (m)	[sup]
cóndor (m)	kondor (m)	[kondor]
cisne (m)	labuť (ž)	[labutʲ]
grulla (f)	jeřáb (m)	[jɛrʒaːp]
cigüeña (f)	čáp (m)	[tʃaːp]
loro (m), papagayo (m)	papoušek (m)	[papouʃɛk]
colibrí (m)	kolibřík (m)	[kolɪbrʒiːk]
pavo (m) real	páv (m)	[paːf]
avestruz (m)	pštros (m)	[pʃtros]
garza (f)	volavka (ž)	[volafka]
flamenco (m)	plameňák (m)	[plamɛnʲaːk]
pelícano (m)	pelikán (m)	[pɛlɪkaːn]
ruiseñor (m)	slavík (m)	[slaviːk]
golondrina (f)	vlaštovka (ž)	[vlaʃtofka]
tordo (m)	drozd (m)	[drozt]
zorzal (m)	zpěvný drozd (m)	[spevniː drozt]
mirlo (m)	kos (m)	[kos]
vencejo (m)	rorejs (m)	[rorɛjs]
alondra (f)	skřivan (m)	[skrʃɪvan]
codorniz (f)	křepel (m)	[krʃɛpɛl]
pájaro carpintero (m)	datel (m)	[datɛl]
cuco (m)	kukačka (ž)	[kukatʃka]
lechuza (f)	sova (ž)	[sova]
búho (m)	výr (m)	[viːr]
urogallo (m)	tetřev (m) hlušec	[tɛtrʃɛv hluʃɛts]
gallo lira (m)	tetřev (m)	[tɛtrʃɛf]
perdiz (f)	koroptev (ž)	[koroptɛf]
estornino (m)	špaček (m)	[ʃpatʃɛk]
canario (m)	kanár (m)	[kanaːr]
ortega (f)	jeřábek (m)	[jɛrʒaːbɛk]
pinzón (m)	pěnkava (ž)	[peŋkava]
camachuelo (m)	hejl (m)	[hɛjl]
gaviota (f)	racek (m)	[ratsɛk]
albatros (m)	albatros (m)	[albatros]
pingüino (m)	tučňák (m)	[tutʃnʲaːk]

139. Los peces. Los animales marinos

brema (f)	cejn (m)	[tsɛjn]
carpa (f)	kapr (m)	[kapr]
perca (f)	okoun (m)	[okoun]
siluro (m)	sumec (m)	[sumɛts]
lucio (m)	štika (ž)	[ʃtɪka]

salmón (m)	losos (m)	[losos]
esturión (m)	jeseter (m)	[jɛsɛtɛr]

arenque (m)	sleď (ž)	[slɛtʲ]
salmón (m) del Atlántico	losos (m)	[losos]
caballa (f)	makrela (ž)	[makrɛla]
lenguado (m)	platýs (m)	[plati:s]

lucioperca (f)	candát (m)	[tsanda:t]
bacalao (m)	treska (ž)	[trɛska]
atún (m)	tuňák (m)	[tunʲa:k]
trucha (f)	pstruh (m)	[pstrux]

anguila (f)	úhoř (m)	[u:horʃ]
raya (f) eléctrica	rejnok (m) elektrický	[rɛjnok ɛlɛktrɪtski:]
morena (f)	muréna (ž)	[murɛ:na]
piraña (f)	piraňa (ž)	[pɪranʲja]

tiburón (m)	žralok (m)	[ʒralok]
delfín (m)	delfín (m)	[dɛlfi:n]
ballena (f)	velryba (ž)	[vɛlrɪba]

centolla (f)	krab (m)	[krap]
medusa (f)	medúza (ž)	[mɛdu:za]
pulpo (m)	chobotnice (ž)	[xobotnɪtsɛ]

estrella (f) de mar	hvězdice (ž)	[hvezdɪtsɛ]
erizo (m) de mar	ježovka (ž)	[jɛʒofka]
caballito (m) de mar	mořský koníček (m)	[morʃski: koni:tʃɛk]

ostra (f)	ústřice (ž)	[u:strʃɪtsɛ]
camarón (m)	kreveta (ž)	[krɛvɛta]
bogavante (m)	humr (m)	[humr]
langosta (f)	langusta (ž)	[langusta]

140. Los anfibios. Los reptiles

serpiente (f)	had (m)	[hat]
venenoso (adj)	jedovatý	[jɛdovati:]

víbora (f)	zmije (ž)	[zmɪjɛ]
cobra (f)	kobra (ž)	[kobra]
pitón (m)	krajta (ž)	[krajta]
boa (f)	hroznýš (m)	[hrozni:ʃ]
culebra (f)	užovka (ž)	[uʒofka]

| serpiente (m) de cascabel | chřestýš (m) | [xrʃɛstiːʃ] |
| anaconda (f) | anakonda (ž) | [anakonda] |

lagarto (m)	ještěrka (ž)	[jɛʃterka]
iguana (f)	leguán (m)	[lɛguaːn]
varano (m)	varan (m)	[varan]
salamandra (f)	mlok (m)	[mlok]
camaleón (m)	chameleón (m)	[xamɛlɛoːn]
escorpión (m)	štír (m)	[ʃtiːr]

tortuga (f)	želva (ž)	[ʒelva]
rana (f)	žába (ž)	[ʒaːba]
sapo (m)	ropucha (ž)	[ropuxa]
cocodrilo (m)	krokodýl (m)	[krokodiːl]

141. Los insectos

insecto (m)	hmyz (m)	[hmɪz]
mariposa (f)	motýl (m)	[motiːl]
hormiga (f)	mravenec (m)	[mravɛnɛts]
mosca (f)	moucha (ž)	[mouxa]
mosquito (m) (picadura de ~)	komár (m)	[komaːr]
escarabajo (m)	brouk (m)	[brouk]

avispa (f)	vosa (ž)	[vosa]
abeja (f)	včela (ž)	[vtʃela]
abejorro (m)	čmelák (m)	[tʃmɛlaːk]
moscardón (m)	střeček (m)	[strʃɛtʃɛk]

| araña (f) | pavouk (m) | [pavouk] |
| telaraña (f) | pavučina (ž) | [pavutʃɪna] |

libélula (f)	vážka (ž)	[vaːʃka]
saltamontes (m)	kobylka (ž)	[kobɪlka]
mariposa (f) nocturna	motýl (m)	[motiːl]

cucaracha (f)	šváb (m)	[ʃvaːp]
garrapata (f)	klíště (s)	[kliːʃte]
pulga (f)	blecha (ž)	[blɛxa]
mosca (f) negra	muška (ž)	[muʃka]

langosta (f)	saranče (ž)	[sarantʃɛ]
caracol (m)	hlemýžď (m)	[hlɛmiːʒtʲ]
grillo (m)	cvrček (m)	[tsvrtʃɛk]
luciérnaga (f)	svatojánská muška (ž)	[svatojaːnska: muʃka]
mariquita (f)	slunečko (s) sedmitečné	[slunɛːtʃko sɛdmɪtɛtʃnɛː]
sanjuanero (m)	chroust (m)	[xroust]

sanguijuela (f)	piavice (ž)	[pɪavɪtsɛ]
oruga (f)	housenka (ž)	[housɛŋka]
lombriz (m) de tierra	červ (m)	[tʃɛrʃ]
larva (f)	larva (ž)	[larva]

La flora

142. Los árboles

árbol (m)	strom (m)	[strom]
foliáceo (adj)	listnatý	[lɪstnati:]
conífero (adj)	jehličnatý	[jɛhlɪtʃnati:]
de hoja perenne	stálezelená	[sta:lɛzɛlɛna:]
manzano (m)	jabloň (ž)	[jabloɲ]
peral (m)	hruška (ž)	[hruʃka]
cerezo (m)	třešně (ž)	[trʃɛʃne]
guindo (m)	višně (ž)	[vɪʃne]
ciruelo (m)	švestka (ž)	[ʃvɛstka]
abedul (m)	bříza (ž)	[brʒi:za]
roble (m)	dub (m)	[dup]
tilo (m)	lípa (ž)	[li:pa]
pobo (m)	osika (ž)	[osɪka]
arce (m)	javor (m)	[javor]
pícea (f)	smrk (m)	[smrk]
pino (m)	borovice (ž)	[borovɪtsɛ]
alerce (m)	modřín (m)	[modrʒi:n]
abeto (m)	jedle (ž)	[jɛdlɛ]
cedro (m)	cedr (m)	[tsɛdr]
álamo (m)	topol (m)	[topol]
serbal (m)	jeřáb (m)	[jɛrʒa:p]
sauce (m)	jíva (ž)	[ji:va]
aliso (m)	olše (ž)	[olʃɛ]
haya (f)	buk (m)	[buk]
olmo (m)	jilm (m)	[jɪlm]
fresno (m)	jasan (m)	[jasan]
castaño (m)	kaštan (m)	[kaʃtan]
magnolia (f)	magnólie (ž)	[magno:lɪe]
palmera (f)	palma (ž)	[palma]
ciprés (m)	cypřiš (m)	[tsɪprʃɪʃ]
mangle (m)	mangróvie (ž)	[mangro:vɪe]
baobab (m)	baobab (m)	[baobap]
eucalipto (m)	eukalypt (m)	[ɛukalɪpt]
secoya (f)	sekvoje (ž)	[sɛkvojɛ]

143. Los arbustos

mata (f)	keř (m)	[kɛrʃ]
arbusto (m)	křoví (s)	[krʃovi:]

vid (f)	**vinná réva** (s)	[vɪnna: re:va]
viñedo (m)	**vinice** (ž)	[vɪnɪtsɛ]
frambueso (m)	**maliny** (ž mn)	[malɪnɪ]
grosellero (m) rojo	**červený rybíz** (m)	[tʃɛrvɛni: rɪbi:z]
grosellero (m) espinoso	**angrešt** (m)	[angrɛʃt]
acacia (f)	**akácie** (ž)	[aka:tsɪe]
berberís (m)	**dřišťál** (m)	[drʒɪʃťa:l]
jazmín (m)	**jasmín** (m)	[jasmi:n]
enebro (m)	**jalovec** (m)	[jalovɛts]
rosal (m)	**růžový keř** (m)	[ru:ʒovi: kɛrʃ]
escaramujo (m)	**šípek** (m)	[ʃi:pɛk]

144. Las frutas. Las bayas

manzana (f)	**jablko** (s)	[jablko]
pera (f)	**hruška** (ž)	[hruʃka]
ciruela (f)	**švestka** (ž)	[ʃvɛstka]
fresa (f)	**zahradní jahody** (ž mn)	[zahradni: jahodɪ]
guinda (f)	**višně** (ž)	[vɪʃne]
cereza (f)	**třešně** (ž)	[trʃɛʃne]
uva (f)	**hroznové víno** (s)	[hroznovɛ: vi:no]
frambuesa (f)	**maliny** (ž mn)	[malɪnɪ]
grosella (f) negra	**černý rybíz** (m)	[tʃɛrni: rɪbi:z]
grosella (f) roja	**červený rybíz** (m)	[tʃɛrvɛni: rɪbi:z]
grosella (f) espinosa	**angrešt** (m)	[angrɛʃt]
arándano (m) agrio	**klikva** (ž)	[klɪkva]
naranja (f)	**pomeranč** (m)	[pomɛrantʃ]
mandarina (f)	**mandarinka** (ž)	[mandarɪŋka]
piña (f)	**ananas** (m)	[ananas]
banana (f)	**banán** (m)	[bana:n]
dátil (m)	**datle** (ž)	[datlɛ]
limón (m)	**citrón** (m)	[tsɪtro:n]
albaricoque (m)	**meruňka** (ž)	[mɛrunʲka]
melocotón (m)	**broskev** (ž)	[broskɛf]
kiwi (m)	**kiwi** (s)	[kɪvɪ]
toronja (f)	**grapefruit** (m)	[grɛjpfru:t]
baya (f)	**bobule** (ž)	[bobulɛ]
bayas (f pl)	**bobule** (ž mn)	[bobulɛ]
arándano (m) rojo	**brusinky** (ž mn)	[brusɪŋkɪ]
fresa (f) silvestre	**jahody** (ž mn)	[jahodɪ]
arándano (m)	**borůvky** (ž mn)	[boru:fkɪ]

145. Las flores. Las plantas

flor (f)	**květina** (ž)	[kvetɪna]
ramo (m) de flores	**kytice** (ž)	[kɪtɪtsɛ]

rosa (f)	růže (ž)	[ruːʒe]
tulipán (m)	tulipán (m)	[tulɪpaːn]
clavel (m)	karafiát (m)	[karafɪaːt]
gladiolo (m)	mečík (m)	[mɛtʃiːk]

aciano (m)	chrpa (ž)	[xrpa]
campanilla (f)	zvoneček (m)	[zvonɛtʃɛk]
diente (m) de león	pampeliška (ž)	[pampɛlɪʃka]
manzanilla (f)	heřmánek (m)	[hɛrʒmaːnɛk]

áloe (m)	aloe (s)	[aloɛ]
cacto (m)	kaktus (m)	[kaktus]
ficus (m)	fíkus (m)	[fiːkus]

azucena (f)	lilie (ž)	[lɪlɪe]
geranio (m)	geránie (ž)	[geraːnɪe]
jacinto (m)	hyacint (m)	[hɪatsɪnt]

mimosa (f)	citlivka (ž)	[tsɪtlɪfka]
narciso (m)	narcis (m)	[nartsɪs]
capuchina (f)	potočnice (ž)	[pototʃnɪtsɛ]

orquídea (f)	orchidej (ž)	[orxɪdɛj]
peonía (f)	pivoňka (ž)	[pɪvonʲka]
violeta (f)	fialka (ž)	[fɪalka]

trinitaria (f)	maceška (ž)	[matsɛʃka]
nomeolvides (f)	pomněnka (ž)	[pomnɛŋka]
margarita (f)	sedmikráska (ž)	[sɛdmɪkraːska]

amapola (f)	mák (m)	[maːk]
cáñamo (m)	konopě (ž)	[konope]
menta (f)	máta (ž)	[maːta]

| muguete (m) | konvalinka (ž) | [konvalɪŋka] |
| campanilla (f) de las nieves | sněženka (ž) | [sneʒeŋka] |

ortiga (f)	kopřiva (ž)	[koprʃɪva]
acedera (f)	šťovík (m)	[ʃtʲoviːk]
nenúfar (m)	leknín (m)	[lɛkniːn]
helecho (m)	kapradí (s)	[kapradiː]
liquen (m)	lišejník (m)	[lɪʃɛjniːk]

invernadero (m) tropical	oranžérie (ž)	[oranʒeːrɪe]
césped (m)	trávník (m)	[traːvniːk]
macizo (m) de flores	květinový záhonek (m)	[kvetɪnoviː zaːhonɛk]

planta (f)	rostlina (ž)	[rostlɪna]
hierba (f)	tráva (ž)	[traːva]
hoja (f) de hierba	stéblo (s) trávy	[stɛːblo traːvɪ]

hoja (f)	list (m)	[lɪst]
pétalo (m)	okvětní lístek (m)	[okvetni: liːstɛk]
tallo (m)	stéblo (s)	[stɛːblo]
tubérculo (m)	hlíza (ž)	[hliːza]
retoño (m)	výhonek (m)	[viːhonɛk]

espina (f)	osten (m)	[ostɛn]
florecer (vi)	kvést	[kvɛ:st]
marchitarse (vr)	vadnout	[vadnout]
olor (m)	vůně (ž)	[vu:ne]
cortar (vt)	uříznout	[urʒi:znout]
coger (una flor)	utrhnout	[utrhnout]

146. Los cereales, los granos

grano (m)	obilí (s)	[obɪli:]
cereales (m pl) (plantas)	obilniny (ž mn)	[obɪlnɪnɪ]
espiga (f)	klas (m)	[klas]

trigo (m)	pšenice (ž)	[pʃɛnɪtsɛ]
centeno (m)	žito (s)	[ʒɪto]
avena (f)	oves (m)	[ovɛs]
mijo (m)	jáhly (ž mn)	[ja:hlɪ]
cebada (f)	ječmen (m)	[jɛtʃmɛn]

maíz (m)	kukuřice (ž)	[kukurʒɪtsɛ]
arroz (m)	rýže (ž)	[ri:ʒe]
alforfón (m)	pohanka (ž)	[pohaŋka]

guisante (m)	hrách (m)	[hra:x]
fréjol (m)	fazole (ž)	[fazolɛ]
soya (f)	sója (ž)	[so:ja]
lenteja (f)	čočka (ž)	[tʃotʃka]
habas (f pl)	boby (m mn)	[bobɪ]

LOS PAÍSES. LAS NACIONALIDADES

147. Europa occidental

Europa (f)	Evropa (ž)	[ɛvropa]
Unión (f) Europea	Evropská unie (ž)	[ɛuropska: unɪe]
Austria (f)	Rakousko (s)	[rakousko]
Gran Bretaña (f)	Velká Británie (ž)	[vɛlka: brɪta:nɪe]
Inglaterra (f)	Anglie (ž)	[anglɪe]
Bélgica (f)	Belgie (ž)	[bɛlgɪe]
Alemania (f)	Německo (s)	[nemɛtsko]
Países Bajos (m pl)	Nizozemí (s)	[nɪzozɛmi:]
Holanda (f)	Holandsko (s)	[holandsko]
Grecia (f)	Řecko (s)	[rʒɛtsko]
Dinamarca (f)	Dánsko (s)	[da:nsko]
Irlanda (f)	Irsko (s)	[ɪrsko]
Islandia (f)	Island (m)	[ɪslant]
España (f)	Španělsko (s)	[ʃpanelsko]
Italia (f)	Itálie (ž)	[ɪta:lɪe]
Chipre (m)	Kypr (m)	[kɪpr]
Malta (f)	Malta (ž)	[malta]
Noruega (f)	Norsko (s)	[norsko]
Portugal (m)	Portugalsko (s)	[portugalsko]
Finlandia (f)	Finsko (s)	[fɪnsko]
Francia (f)	Francie (ž)	[frantsɪe]
Suecia (f)	Švédsko (s)	[ʃvɛ:tsko]
Suiza (f)	Švýcarsko (s)	[ʃvi:tsarsko]
Escocia (f)	Skotsko (s)	[skotsko]
Vaticano (m)	Vatikán (m)	[vatɪka:n]
Liechtenstein (m)	Lichtenštejnsko (s)	[lɪxtɛnʃtɛjnsko]
Luxemburgo (m)	Lucembursko (s)	[lutsɛmbursko]
Mónaco (m)	Monako (s)	[monako]

148. Europa central y oriental

Albania (f)	Albánie (ž)	[alba:nɪe]
Bulgaria (f)	Bulharsko (s)	[bulharsko]
Hungría (f)	Maďarsko (s)	[maďarsko]
Letonia (f)	Lotyšsko (s)	[lotɪʃsko]
Lituania (f)	Litva (ž)	[lɪtva]
Polonia (f)	Polsko (s)	[polsko]

Rumania (f)	Rumunsko (s)	[rumunsko]
Serbia (f)	Srbsko (s)	[srpsko]
Eslovaquia (f)	Slovensko (s)	[slovɛnsko]
Croacia (f)	Chorvatsko (s)	[xorvatsko]
Chequia (f)	Česko (s)	[ʧɛsko]
Estonia (f)	Estonsko (s)	[ɛstonsko]
Bosnia y Herzegovina	Bosna a Hercegovina (ž)	[bosna a hɛrʦɛgovɪna]
Macedonia	Makedonie (ž)	[makɛdonɪe]
Eslovenia	Slovinsko (s)	[slovɪnsko]
Montenegro (m)	Černá Hora (ž)	[ʧɛrna: hora]

149. Los países de la antes Unión Soviética

Azerbaiyán (m)	Ázerbájdžán (m)	[a:zɛrba:jdʒa:n]
Armenia (f)	Arménie (ž)	[armɛ:nɪe]
Bielorrusia (f)	Bělorusko (s)	[belorusko]
Georgia (f)	Gruzie (ž)	[gruzɪe]
Kazajstán (m)	Kazachstán (m)	[kazaxsta:n]
Kirguizistán (m)	Kyrgyzstán (m)	[kɪrgɪsta:n]
Moldavia (f)	Moldavsko (s)	[moldavsko]
Rusia (f)	Rusko (s)	[rusko]
Ucrania (f)	Ukrajina (ž)	[ukrajɪna]
Tayikistán (m)	Tádžikistán (m)	[ta:dʒɪkɪsta:n]
Turkmenistán (m)	Turkmenistán (m)	[turkmɛnɪsta:n]
Uzbekistán (m)	Uzbekistán (m)	[uzbɛkɪsta:n]

150. Asia

Asia (f)	Asie (ž)	[azɪe]
Vietnam (m)	Vietnam (m)	[vjɛtnam]
India (f)	Indie (ž)	[ɪndɪe]
Israel (m)	Izrael (m)	[ɪzraɛl]
China (f)	Čína (ž)	[ʧi:na]
Líbano (m)	Libanon (m)	[lɪbanon]
Mongolia (f)	Mongolsko (s)	[mongolsko]
Malasia (f)	Malajsie (ž)	[malajzɪe]
Pakistán (m)	Pákistán (m)	[pa:kɪsta:n]
Arabia (f) Saudita	Saúdská Arábie (ž)	[sau:dska: ara:bɪe]
Tailandia (f)	Thajsko (s)	[tajsko]
Taiwán (m)	Tchaj-wan (m)	[tajvan]
Turquía (f)	Turecko (s)	[turɛtsko]
Japón (m)	Japonsko (s)	[japonsko]
Afganistán (m)	Afghánistán (m)	[afga:nɪsta:n]

Bangladesh (m)	Bangladéš (m)	[bangladɛ:ʃ]
Indonesia (f)	Indonésie (ž)	[ɪndonɛ:zɪe]
Jordania (f)	Jordánsko (s)	[jorda:nsko]

Irak (m)	Irák (m)	[ɪra:k]
Irán (m)	Írán (m)	[i:ra:n]
Camboya (f)	Kambodža (ž)	[kambodʒa]
Kuwait (m)	Kuvajt (m)	[kuvajt]

Laos (m)	Laos (m)	[laos]
Myanmar (m)	Barma (ž)	[barma]
Nepal (m)	Nepál (m)	[nɛpa:l]
Emiratos (m pl) Árabes Unidos	Spojené arabské emiráty (m mn)	[spojɛnɛ: arapskɛ: ɛmɪra:tɪ]

Siria (f)	Sýrie (ž)	[si:rɪe]
Palestina (f)	Palestinská autonomie (ž)	[palɛstɪnska: autonomɪe]
Corea (f) del Sur	Jižní Korea (ž)	[jɪʒni: korɛa]
Corea (f) del Norte	Severní Korea (ž)	[severni: korɛa]

151. América del Norte

Estados Unidos de América (m pl)	Spojené státy (m mn) americké	[spojɛnɛ: sta:tɪ amɛrɪtskɛ:]
Canadá (f)	Kanada (ž)	[kanada]
Méjico (m)	Mexiko (s)	[mɛksɪko]

152. Centroamérica y Sudamérica

Argentina (f)	Argentina (ž)	[argɛntɪna]
Brasil (m)	Brazílie (ž)	[brazi:lɪe]
Colombia (f)	Kolumbie (ž)	[kolumbɪe]

| Cuba (f) | Kuba (ž) | [kuba] |
| Chile (m) | Chile (s) | [tʃɪlɛ] |

| Bolivia (f) | Bolívie (ž) | [boli:vɪe] |
| Venezuela (f) | Venezuela (ž) | [vɛnɛzuɛla] |

| Paraguay (m) | Paraguay (ž) | [paragvaj] |
| Perú (m) | Peru (s) | [pɛru] |

Surinam (m)	Surinam (m)	[surɪnam]
Uruguay (m)	Uruguay (ž)	[urugvaj]
Ecuador (m)	Ekvádor (m)	[ɛkva:dor]

| Islas (f pl) Bahamas | Bahamy (ž mn) | [bahamɪ] |
| Haití (m) | Haiti (s) | [haɪtɪ] |

República (f) Dominicana	Dominikánská republika (ž)	[domɪnɪka:nska: rɛpublɪka]
Panamá (f)	Panama (ž)	[panama]
Jamaica (f)	Jamajka (ž)	[jamajka]

153. África

Egipto (m)	**Egypt** (m)	[ɛgɪpt]
Marruecos (m)	**Maroko** (s)	[maroko]
Túnez (m)	**Tunisko** (s)	[tunɪsko]
Ghana (f)	**Ghana** (ž)	[gana]
Zanzíbar (m)	**Zanzibar** (m)	[zanzɪbar]
Kenia (f)	**Keňa** (ž)	[kɛnʲa]
Libia (f)	**Libye** (ž)	[lɪbɪe]
Madagascar (m)	**Madagaskar** (m)	[madagaskar]
Namibia (f)	**Namibie** (ž)	[namɪbɪe]
Senegal (m)	**Senegal** (m)	[sɛnɛgal]
Tanzania (f)	**Tanzanie** (ž)	[tanzanɪe]
República (f) Sudafricana	**Jihoafrická republika** (ž)	[jɪhoafrɪtska: rɛpublɪka]

154. Australia. Oceanía

Australia (f)	**Austrálie** (ž)	[austra:lɪe]
Nueva Zelanda (f)	**Nový Zéland** (m)	[novi: zɛ:lant]
Tasmania (f)	**Tasmánie** (ž)	[tasma:nɪe]
Polinesia (f) Francesa	**Francouzská Polynésie** (ž)	[frantsouska: polɪnɛ:zɪe]

155. Las ciudades

Ámsterdam	**Amsterodam** (m)	[amstɛrodam]
Ankara	**Ankara** (ž)	[aŋkara]
Atenas	**Atény** (ž mn)	[atɛ:nɪ]
Bagdad	**Bagdád** (m)	[bagda:t]
Bangkok	**Bangkok** (m)	[bangkok]
Barcelona	**Barcelona** (ž)	[barsɛlona]
Beirut	**Bejrút** (m)	[bɛjru:t]
Berlín	**Berlín** (m)	[bɛrli:n]
Mumbai	**Bombaj** (ž)	[bombaj]
Bonn	**Bonn** (m)	[bonn]
Bratislava	**Bratislava** (ž)	[bratɪslava]
Bruselas	**Brusel** (m)	[brusɛl]
Bucarest	**Bukurešť** (ž)	[bukurɛʃtʲ]
Budapest	**Budapešť** (ž)	[budapɛʃtʲ]
Burdeos	**Bordeaux** (s)	[bordo:]
El Cairo	**Káhira** (ž)	[ka:hɪra]
Calcuta	**Kalkata** (ž)	[kalkata]
Chicago	**Chicago** (s)	[tʃɪka:go]
Copenhague	**Kodaň** (ž)	[kodanʲ]
Dar-es-Salam	**Dar es Salaam** (m)	[dar ɛs sala:m]
Delhi	**Dillí** (s)	[dɪli:]

Dubai	Dubaj (m)	[dubaj]
Dublín	Dublin (m)	[dublɪn]
Dusseldorf	Düsseldorf (m)	[disldorf]

Estambul	Istanbul (m)	[ɪstanbul]
Estocolmo	Stockholm (m)	[stokholm]
Florencia	Florencie (ž)	[florɛntsɪe]
Fráncfort del Meno	Frankfurt (m)	[fraŋkfurt]
Ginebra	Ženeva (ž)	[ʒenɛva]

La Habana	Havana (ž)	[havana]
Hamburgo	Hamburk (m)	[hamburk]
Hanói	Hanoj (m)	[hanoj]
La Haya	Haag (m)	[ha:g]
Helsinki	Helsinky (ž mn)	[hɛlsɪŋkɪ]
Hiroshima	Hirošima (ž)	[hɪroʃɪma]
Hong Kong	Hongkong (m)	[hoŋkong]

Jerusalén	Jeruzalém (m)	[jɛruzalɛ:m]
Kiev	Kyjev (m)	[kɪef]
Kuala Lumpur	Kuala Lumpur (m)	[kuala lumpur]

Lisboa	Lisabon (m)	[lɪsabon]
Londres	Londýn (m)	[londi:n]
Los Ángeles	Los Angeles (s)	[los ɛnʒɛlis]
Lyon	Lyon (m)	[lɪon]

Madrid	Madrid (m)	[madrɪt]
Marsella	Marseille (ž)	[marsɛj]
Ciudad de México	Mexiko (s)	[mɛksɪko]
Miami	Miami (s)	[majamɪ]
Montreal	Montreal (m)	[monrɛal]
Moscú	Moskva (ž)	[moskva]
Múnich	Mnichov (m)	[mnɪxof]

Nairobi	Nairobi (s)	[najrobɪ]
Nápoles	Neapol (m)	[nɛapol]
Niza	Nizza (ž)	[nɪtsa]
Nueva York	New York (m)	[nju: jork]

Oslo	Oslo (s)	[oslo]
Ottawa	Otava (ž)	[otava]
París	Paříž (ž)	[parʒi:ʃ]
Pekín	Peking (m)	[pɛkɪŋk]
Praga	Praha (ž)	[praha]

Río de Janeiro	Rio de Janeiro (s)	[rɪodɛʒanɛ:ro]
Roma	Řím (m)	[rʒi:m]
San Petersburgo	Sankt-Petěrburg (m)	[saŋkt-pɛterburg]
Seúl	Soul (m)	[soul]
Shanghái	Šanghaj (ž)	[ʃangxaj]
Singapur	Singapur (m)	[sɪngapur]
Sydney	Sydney (s)	[sɪdnɛj]

| Taipei | Tchaj-pej (s) | [taj-pɛj] |
| Tokio | Tokio (s) | [tokɪo] |

Toronto	**Toronto** (s)	[toronto]
Varsovia	**Varšava** (ž)	[varʃava]
Venecia	**Benátky** (ž mn)	[bɛnaːtkɪ]
Viena	**Vídeň** (ž)	[viːdɛnʲ]
Washington	**Washington** (m)	[voʃɪnkton]